文春文庫

読書中毒

ブックレシピ61

小林信彦

目次

第一部　読書中毒

読書中毒

ブックレシピ61

第一部　読書中毒

1　〈小説をいかに語るか〉について

『小説世界のロビンソン』（新潮文庫・絶版）という本はぼくの個人的読書史の形をとってはいるけれど、実は〈小説を論じるときには、この程度のことはわきまえておいて貰いたい〉という、ぼくとしてみれば、〈最低限度の常識〉を書いたつもりである。〈小説の歴史〉についても、基本的なことは押えたつもりだ。〈日本の小説をつまらなくしたのは誰か？〉というサブタイトルをつけてもよかった、という説さえある。

そんなわけで、『小説世界のロビンソン』は、固目《かため》の本になったが、〈あとがき〉にも書いた通り、あくまで論旨を通すことが先なので、純文学・エンタテインメントを問わず、好きな作家と作品の多くを削ってしまった。一冊の本にまとめるためには仕方がないし、当然のことでもある。それに、ぼくの好きな作家は、永井荷風は当然としても、久保田万太郎（全集を持っていて、まだ読み通していない）や、ある時期の永井龍男という線があり、しかし、万太郎・龍男、ともに、文庫本ではほぼ入手不可能である。

『小説世界のロビンソン』は、決して固目の本をめざしたわけではない。だいたい、純文学とエンタテインメントを同次元で論じるというのが、この本のみそであって、これ以前には、そういう本はなかった。いわば〈軟派の本〉をめざしたのである。

それがそう受けとられなくなった背景には、『小説世界のロビンソン』が雑誌「波」に連載されていた四年間（一九八四〜八七年）がある。この四年間はナカソネ内閣失政の時期でもあって、元首相が推進した民活（民間活力）路線は、官がかかえ込んでいる土地を民間に吐き出させ、不動産屋を暗躍させ、東京を中心とする地価狂乱をおこした。〈都市・土地政策史に残る悪政〉という評価はすでに定まっているが、この〈悪政〉は小資本の書店を東京から追放するという文化的な失政もともなっていた。

こうした外からの圧迫と、もう一つ、レンタル・ビデオの追撃によって、中小書店は驚くほどの様変りを強いられた。現実の小書店の四年間の変遷をみると、まず、文芸書の追放と文庫本コーナーの拡大→ビデオ・コーナーの設置→レンタル（またはセルスルー）ビデオのコーナーの肥大→売れないエンタテインメント書の追放→ベストセラーとビデオの共存――ということになる。まさか、という人は実状を知らないのであって、〈地上げ→家賃の高さ〉から、店を畳まざるをえなくなったケースも多い。

この原稿を書いている現在（一九八九年春）、小書店で村上春樹、吉本ばなな以外の新刊をすぐに手に入れるのは、きわめてむずかしい。なんせ、店のメイン商品はレンタル・ビデオなのだ。新作映画は半年〜一年でビデオ化されるし、一度に二本借りるとして、（ぼくの行きつけの店では）七百六十円。書店にしてみれば、こちらに力を入れるのも無理はない。とりあえずの流行としても、この流れはまだ続くと思われる。

このような時に、純文学とエンタテインメントの違いがどうのこうのと言っても、始まらない。だいいち、今のベストセラーは、春樹・ばなな両家とも、分類上は〈純文学〉であり、エンタテインメントではない。（この辺は異論があろうが、ま、大したことではない。）文学の敵はまんがだという意見が、一時あったが、書店の店頭で見る限り、そうではない。〈小説の敵〉はビデオである。

ビデオとは何か？　映画館で上映される映画をハードカバーと考えれば、ビデオは文庫本である。先日、P・イエーツの「容疑者」が面白かったので、同監督の「目撃者」「事件を追え」を借り、ついでにリドリー・スコットの失敗作「誰かに見られてる」「大時計」のリメーク版「追いつめられて」を借り、昔の「大時計」（これはテレビから録画しておいた）を観て、J・バダムの「張り込み」、ロバート・ベントンの「ナディーン」、リチャード・ピアースの「ノー・マーシイ／非情の愛」、さらに「シェイクダウン」、旧作「カリブの熱い夜」――これだけの犯罪物を約一週間で観た。一人の作家の作品、または一つの傾向の作品をまとめて観られる効用は、本でいえば、文庫本に近い。

乱暴な言い方をしてしまえば、ぼくの場合、ビデオを観るのも、小説を読むのも、(ぼくの側からすれば) 同じことなのである。ゆきつくところは一つ——ストーリーの面白さ。いかに興味深い導入部を作るか、プロセスをいかにてきぱき語るか、エンディングをいかに盛り上げ、どんでん返しをくわせるか、そして後味をいかに良くするか——こうしたところを研究するわけである。映画館だと映像中心になり、それはそれで「ダイ・ハード」など圧倒されたが、ビデオではこちらも冷静に語り口のみを追うことができ、このジャンルでのアメリカ映画の水準が、非常に高くなっていることがわかった。

ジョン・アーヴィングは、意図的に〈十九世紀の物語作家〉の線を歩んでいる (と自分では信じている) 人だが、自分がディケンズとちがうとすれば、映像 (映画・テレビ・ビデオクリップ) の世界を知っており、物語の効率の良い語り方を身につけている、と語っていた。このことについては、『小説世界のロビンソン』の二十九章でくわしく述べたが、ジョン・アーヴィングはともかく、スティーヴン・キングは映画マニアだけあって、分厚い作品の中に、映画が開発した語り方をぞんぶんにとり入れている。もっとも見事なのは『呪われた町』のオープニングで、小説後半の重大な部分を、いきなり、冒頭に持ってきていた。(『ぼくたちの好きな戦争』で、ぼくも、このやり方をとり入れた。)『ノルウェイの森』の第一章が、同じような技法を用いていることはいうまでもあるまい。

〈小説の語り方〉のテクニックは、日本では長いあいだ低く見られていた。〈文体〉や作家の〈人格〉〈思想〉を論じることはあっても、〈語り方〉には触れられなかった。それができる人が数すくないせいもある。

ぼくがこれから試みようとするのは、〈小説をいかに語るか〉および、それを〈いかに読みとるか〉の分析である。うまくいくかどうか、やってみなければ分らないが。

2　オープニングと映画の技法

前章に書いたことで、誤解を招きそうな部分があるので、もう少し丹念に記しておこう。

〈映画が開発した語り方〉についての部分だが、これと〈オープニング〉という言葉を結びつけると、中途半端な知識を持っている人が、ああ、〈アヴァン・タイトル〉のことか、と考えるおそれがある。

〈アヴァン・タイトル〉とは、映画でタイトルが出る前に、たとえば、犯罪者たちの銀行襲撃を見せてしまい、さてそれから……という形でタイトルに入るスタイルで、近年は（映画界の不況のせいもあって）乱用されている。テレビの普及のおかげで、観客はいきなり話が始まるのを求めているらしい。

ぼくが述べた〈オープニング〉とは、必ずしも、そのようなものではない。

スティーヴン・キングの『呪われた町』は、昔の小説であれば、第一章冒頭の――ターンパイクを北に向かって走りながら、ポートランドを通りすぎるころになると、ベン・ミアーズは胃袋のあたりに不快ではない興奮の疼《うず》きを感じはじめていた。

で始まるはずである。それで、べつに不都合はないのだが、この小説では、前に長いプロローグがついており、〈その男と少年を親子だと思わぬ者はほとんどいなかった。……〉という意味ありげな一行で始まっている。このプロローグのあたえるインパクトはなみなみならぬものがあり、キングが小説巧者《こうしゃ》だと納得させられる。不気味なプロローグと第一章から始まる物語が、いったい、どう結びつくのかが、さっぱり、わからない。（推理小説にはよくある技法だが、少なくともホラー小説では初めてであった。）

こういうのは〈映画の影響を受けたところの小説独自の技法〉とでもいうのだろうか。そして、すでに『小説世界のロビンソン』に記したように、ぼくは『ぼくたちの好きな戦争』において、この技法をとり入れた。プロローグにおいて、でたらめきわまる〈玉砕〉があり、物語をちゃんと読んでくれれば、なぜそういう〈玉砕〉がおこったかが読者に判明してくる仕組みになっている

ぼくの場合はスラップスティック調なので、少しちがうと思うが、キングの場合は、

1　物語そのものの奇怪さ

に加えて、

2　異様なプロローグが物語とどこでどう結びつくのかという興味

という風に、サスペンスが二重になっている。天性の物語作家というべきだろう。

『ノルウェイの森』の場合、事情はかなりちがうが、〈昔々、といってもせいぜい二十年ぐらい前のことなのだけれど、僕はある学生寮に住んでいた〉という出だしでは、とても、読者を乗せられなかっただろう。そのまえのプロローグ（『ノルウェイの森』では〈第一章〉にあたる）の——

僕は三十七歳で、そのときボーイング747のシートに座っていた。その巨大な飛行機はぶ厚い雨雲をくぐり抜けて降下し、ハンブルク空港に着陸しようとしているところだった。……

という出だしが卓抜である。この第一章は、序曲だけではなく、テーマ曲を映像入りできかせて、ハイライト・シーンを先に見せてしまう。こういうテクニックも、たぶん、初めてぼくが眼にするものだ。『呪われた町』のオープニングと『ノルウェイの森』のオープニングは種類こそちがうが、ともに映像的・視覚的であり、映画というメディアを抜きにしては考えられない。スティーヴン・キングは自分で監督をつとめるほどの映画マニアであり、村上春樹の卒業論文はたしかアメリカ映画に関するものだった。

クロード・E・マニーの『アメリカ小説時代』という一九四八年に出た本があって、日本でも二度、訳されているが、この本の第一部（全体の約三分の一）は〈アメリカ小説と映画〉と題されて、両者の関係を分析している。

ひとことでいえば、マニーの説は〈アメリカ人たちはほとんど文学の伝統をもっていない〉というもので、アメリカの作家は（作家になるまえは）新聞の売り子、エレベーター・ボーイ、私立探偵だった。だから、〈彼らは、自分たち以前に確立された文学上の因襲にわずらわされることなく、自分たちの感じたままに、見たままに書く。したがって、彼らの技巧は、フランスの作家たちの技巧よりもはかるに〝尖端的〟であるように思われる〉と、マニーは書く。

ここで〈尖端的〉といわれているのは、ドス・パソス、シンクレア・ルイス、ダシール・ハメット、ジェームズ・M・ケインである。これはまあ、昔の本だから仕方がない。なにしろ、マニーは、〈アメリカの作家たちによって小説の技法のなかにもたらされたほとんどすべての新技法は（略）小説が映画から借り受けたもの〉とまで極言しているのだが、フランスの知識人のアメリカ文化への優越感と劣等感がむき出しになっていて興味深い。そして、この時代にくらべると、最近のアメリカの小説はずいぶん、おとなしく、つまらなくなった（例『レス・ザン・ゼロ』）といえなくもない。いま邦訳が流行の短篇（ミニマリズムとかいって身辺の些事をちまちまと描くやつ）は、まあ、村上春樹訳のレイモンド・カーヴァー・ブームの余波だと思うが、あれだったら、日本の私小説のほうが上である。〈文学の伝統をもっていない〉ことでは、アメリカも日本も同じだが——『源氏物語』がある、などと言わないで欲しい、明治の初めで〈伝統〉は切れているのだから——短篇小説に関しては日本はちょっとしたものだ。ただ、短篇が、

〈うまい〉だけでは仕方がない、と考えているぼくは、ミニマリズムやミニマリストは願い下げにしたい。

ここで、やはり、もと映画批評家で映画を知り尽している作家グレアム・グリーンの名をあげておきたい。『喜劇役者』『名誉領事』『ヒューマン・ファクター』といった長篇は映画と推理小説・冒険小説の技法を駆使していますからね。もちろん、オープニングの鮮やかさは格別です。

3 人生はアクシデンタル

一九四一年生れの女性アン・タイラーの長篇小説は、『夢見た旅』（早川書房）を読んだことがある。

人妻が銀行強盗の人質になるのが発端で、自動車の窓から見える〈逃走の風景〉にはさまって〈人妻の過去〉がフラッシュバックで描かれる。人妻は精神的に自由になっていくのに反し、強盗の青年はしだいに不自由になってゆく、この着想は面白いが、一九七〇年ごろのニューシネマを観たあとのような虚しさも残った。〈ちらほらと客がいる〉とか〈ドライブイン映画場〉といった訳文のせいもあるかも知れないが、いまひとつ、乗りきれなかった。

一九七七年の『夢見た旅』にくらべると、一九八五年の『アクシデンタル・ツーリスト』（早川書房）は、はるかに巧妙で、〈微妙な面白さ〉にみちた小説である。映画化もされたはずだが、まだ観ていない。小説を読むだけでも充分に面白いし、後半のスリリングな味わいは格別なものである。〈ジョン・アーヴィングの女性版〉といわれているそうだが、ジョン・アーヴィングより上等だと、ぼくは感じた。むしろ、ジェーン・オースティンの意地悪な観察眼を想起して、こういう才能の持ち主がいるからアメリカはこわい、と思う。

　ミステリの語り口のうまさは、わりに素人にも分り易くて、高校生でもあれこれいえるのだが、アン・タイラーのようなタイプの〈純〉文学の場合、日本ではほとんど論じられない。実験小説でも、メタフィクションでもない、〈ユーモラスなリアリズム〉の面白さ。

　ジェーン・オースティンを連想したのは、『アクシデンタル・ツーリスト』が家庭小説だからである。恋愛もあり、三角関係になったりもするのだが、あくまで、家庭、家族が中心であり、ぼくは夏目漱石の、たとえば『明暗』を連想した。この連想は、そうとっぴなものでもないはずだ。

　メイコンとサラの夫妻は一年まえに男の子をなくしている。男の子はハンバーガー・ショップにいて、強盗に殺された。（これは、いまや、日本でも起りうることだ。）メイコンは几帳面というシステムで生きており、サラはだらしのない女である。性格が百八十度ちがっても、夫妻は四十過ぎまで、なんとか、やってこられた。しかし、死んだ子供についての、ちょっとした食いちがいで、サラはかっとなり、家を出て行ってしまう。

　――これだけのことが、二段組み四ページで語られる。まえにアン・タイラーの短篇（『いつわりの家族』）を読んだぼくは、雑誌の余白に〈下世話なアプダイク〉とメモしたが、深刻なシチュエーションを扱いながら、いい意味で軽く、ユーモラスであるのがいい。(ちなみに、「アクシデンタル・ツーリスト」というのは、メイコンが書いている安易な旅行ガイドブックの名称である。〈やむをえざる旅行者〉の意味で、メイコンはこの本を書くためにロンドンへ行ったり、国内旅行をしたりする。この “The Accidental Tourist” という原題は、あとへゆくに従って、効果を発揮してくる。)

独身になったメイコンは日常の雑用と子供の想い出だけに生きている。過去をしつこく、フラッシュバックで描くのは『夢見た旅』に似ていて、ぼくの好みではないが、ここは作者を信じてつき合うしかない。メイコンが犬の世話をするくだりも我慢するしかない。……やがて、犬猫病院で働くミュリエルと知り合う。ここまでの九十ページは、メイコンの家族のごたごたやらなにやらの描写で、ま、忍耐を要する。

ミュリエルと知り合ったから、なにか起るかと読者は期待するのだが、これがなかなか起らない。メイコンは一種の自閉症で、〈自分のシステム〉で生き、自分からは何もしない主義だから、アクシデントが起りようもないのだ。……そういうメイコンが、七歳の男の子をつれたミュリエルが好きになり、自分が息子を失ったこと、その〈喪失感〉を告白するのは百八十七ページで、当然のように、二人は寝てしまう。ミュリエルは元気のいい若い女で、パリへゆくのが念願。貧しい住宅街に住んでいる。ベトナムの記憶もなければ、ケネディが狙撃された記憶もない。メイコンはこの〈開いた本のように理解しやすい人物〉に惹かれて、彼女の家で同棲し、几帳面《システム》さを失ってしまう。この女性がとても魅力的に描かれているので、物語はぐんと面白くなる。メイコンは〈中年のいい女〉と〈貧しい若い女〉の間にぶら下った形になり、しかも、サラが家に戻ってくると、自分も、家に戻ってしまう。身勝手といえば身勝手だが、メイコンは初めから自閉的人間としか描かれていないから、（まっ、こんなものか。でも、これじゃ、日本の自然主義小説と変らねえじゃねえか）といった形で、こちらも納得する。

アン・タイラーが物語作家の本領を発揮するのは、このあとである。

メイコンはガイドブックの〈フランス〉を書くことになり、パリ行きの飛行機に乗る。ところが――機内にはミュリエルがいた。ミュリエルは「セーヌのほとりを歩くの」と呟く。問いつめると、メイコンの旅行代理店を調べて飛行機をつきとめ、旅費を工面したと告白し、「あなたには私が必要なの」と自信をもって言う。メイコンはサラ（まだ妻である）がどう思うかを考える。機内での二人の出会いが〈偶然のもの《アクシデンタル》〉とは思うまい。「あなたには感情というものがないのよ」というであろうことまで、メイコンは察してしまう。

メイコンとミュリエルは同じホテルのちがう部屋にとまる。これはもう、どう誤解されても仕方がない状況である。ミュリエルは自分をつれ歩いてくれと言い、メイコンもその気になりかかる。そして、突然、背中を激痛が走る。以前の怪我の再発（この伏線も張ってある）。ようやく、アメリカに電話を入れ、妹に話をする。それをききつけたサラがパリに現れ、メイコンの世話をする。鋭いサラはもうホテルの中でミュリエルを目撃していて、身動きできぬメイコンをなじり……（以下、面白い部分は省略）。

いやはや、実に、手に汗にぎるサスペンスで、サスペンスというのはミステリの専売ではないことがよくわかった。

人間と人間の関係がアクシデンタルなものにすぎない、という作者の認識と笑いが、しみじみと伝わってきて、われわれの人生そのものもアクシデンタルな旅だと痛感させられる。これは正しく現代の小説である。

4　フォーサイスにおける得意と不得意

フレデリック・フォーサイスは〈西洋講談〉の作者である。

ほんとうは〈伝奇小説〉といいたいところだけれども、ま、〈西洋講談〉と規定しておこう。〈西洋講談〉の作者といえば、先輩にかのイアン・フレミングがいる。

イアン・フレミングが荒唐無稽な筋立てを、料理やワインの知識で飾って、いわゆる〈フレミング効果〉を出したように、フォーサイスは、もっともらしい〈情報〉で飾る。これがもっともうまくいったのが『ジャッカルの日』で、〈ルパン対ホームズ〉の単純な骨組みを巧みに現代に生かした。〈新講談〉『赤い影法師』の作者である柴田錬三郎が狂喜したのは当然であった。

その後のフォーサイスがぱっとしないのは、〈情報〉やら〈スケール〉ばかりが大きくなり、物語の骨組みがいまいちだからである。『悪魔の選択』など、かんじんの殺人方法が平凡なので、減点される。しかし、張り扇の調子はあいかわらずで、大げさなところがたのもしい。

新作『ネゴシエイター』は、意味ありげなプロローグで始まる。マフィアに人質にとられた少女をとりかえそうとして失敗、少女が殺される。これは〈彼〉という人物の回想的悪夢だが、物語への期待をつなぐ前口上としてはちょっとしたもので、パンパンパパンと扇子が鳴って、本題に入る。

オイルショックの再来と米ソの大幅な兵器削減——この二つが米ソの複数の人物の視点で描かれ、ひどく長い。FBIやCIAの人物がたくさん出てきて、わからなくなるほどだ。だが、その悪行があいまいにしか描かれていないアービング・モスなる人物が登場して、どうやら、これが悪玉らしいと見当がつく。フォーサイスの場合、悪玉はあくまで悪玉らしく描かれている。（ここで〈人間が描けていない〉などと文句をいってはいけない。これは講談なのだから。）

アメリカの大統領ジョン・コーマックの息子サイモンはオックスフォードに留学中だが、突然、誘拐される。小説にエンジンがかかるのはここら（上巻・百五十ページを過ぎたあたり）からで、誘拐犯と接触するために、スペインに引退しているネゴシエイター、クインが呼び出される。アメリカ人であるクインは、〈大統領のため〉ということで、やむなく重い腰をあげる。

ネゴシエイターという新職業については、『キッドナップ・ビジネス』（新潮社）がくわしい。三井物産のフィリピンとラオスの誘拐事件はネゴシエイターが関与していると見られ、とくにマニラでの支店長誘拐事件のときは、三井物産が〈コントロール・リスク社〉の名を表に出して、同社の不快を買った。ネゴシエイターはあくまで陰の存在なのだ。

フォーサイスが〈ネゴシエイター〉に着眼したのはさすがというべきで、ベトナム帰りのクインと誘拐犯側との丁丁発止のやりとりの部分は全部おもしろい。事件がおこったのがイギリスだから、イギリス諜報部、CIAなどが電話を盗聴している。クインの敵は誘拐犯側だけでなく、〈味方〉も敵なのだ。とくに、取り引きの日時がラジオで先に報じられて、クインがうろたえるくだりは、妙なリアリティがある。三井物産マニラ支店の事件のとき、似たようなことがあったはずだ。「交渉は引きのばすほどいい」というクインの説明も、その道のプロらしく、現実味が濃い。

これからあとのプロットを割ってしまうが、クインは取り引きに成功する。サイモンは解放されるが爆薬で死亡し、執念深いクインが、誘拐犯を一人ずつ追いつめてゆく旅が面白い。(FBIのサム・サマビルという女性がクインと肉体関係をもちつつ行動を共にするのは無理があるのだが、講談だから、いいか。が、ここで女を出すことのプラス・マイナスは、本当は分らない。この程度のお色気なら要らないかも知れない。)

つめの甘いところもあるが、クインが主犯と対決し、サイモン殺しが誘拐犯側によるものでないことを確認するまでは、フォーサイスの〈荒っぽさ〉がプラスに作用している。サイモン殺しにはソビエトの証拠が残っているが、ソビエト側がそうした証拠を残すはずもなく、犯人は米ソを離反させる目的でやったらしい。

〈米ソを離反させる目的で〉アメリカ大統領の子供を殺したことがわかると――読者に

はクインより先にわかってしまうのだが——、この〈国際謀略小説〉はひどくチャチなものに見えてくる。ひょっとしたら、フォーサイスは、こういった筋立てが苦手なのではないか。そのくせ、クインがアービング・モスに追いつめられるピンチのあたりは生き生きしているので、フォーサイスの本質は〈タフガイ・ノヴェル〉にあるのではないかという気さえする。

たしかに〈情報〉は増えた。

国家安全保障局の人工衛星が〈何十万、何百万という電話通信といっしょに、クインの電話を盗み聴き……〉といった描写に接すると、本当か嘘か知らないが、おーっと、と思う。007映画の一場面のような、〈見てきたような嘘〉だからである。

ここで、物語を作る側から考えると、フォーサイスは、まず、ネゴシエイターという仕事に着目した。これは立派である。ネゴシエイターといえば誘拐が出てこざるをえない。しかし、ありきたりの誘拐小説にはしたくない。……そこで、大統領の子供の誘拐を考えた。これと、米ソのデタント反対勢力を結びつけよう。

この強引さで無理が生じた。〈ネゴシエイター〉と〈国際謀略〉は、一見むすびつきそうで、むすびつかないのである。それを、えいやっ、と、くっつけてしまったのは、フォーサイスの腕力である。

ネゴシエイターがプロの誘拐犯相手にくりひろげるあの手この手（くわしい取材をしたにちがいない）が面白かった、と改めて書いておこう。フォーサイスの面白さというのは、明らかに、この部分にあるのだ。しかし、小説全体は、たてつけ、骨組みがよくない。なにか、しっくりいっていない。フォーサイスは処女作『ジャッカルの日』を超える作品をまだ書いていないのだ。

5 ハードボイルド的定石

半年ほど前に出版されたマイケル・バー＝ゾウハーの『無名戦士の神話』（ハヤカワ文庫）を、やっと読んだ。この作家のものは、ノンフィクションを入れて八冊読んだが、つまらなかったのは一冊だけ。すごい打率である。マイケル・バー＝ゾウハーでベトナム物で、『無名戦士の神話』も期待して読んだ。この作家なら、なんとかしてくれるだろうというのが、ちょっとひっかかったが、まあ、この作家なら、なんとかしてくれるだろう。

まず、ベトナム戦争の戦死者で、いまだに身元が確定できない遺体が一体あるという謎が提出される。あれだけの戦いで、身元不明が一体だけというのは、にわかには信じがたいのだが、ミステリの約束ごとだから仕方がない。国防総省の一局長であるウォルト・メレディスは遺体を調べることになり、この遺体に残されていた弾丸が米軍のものと知る。つまり、味方に殺されたわけである。

メレディスが一遺体に〈こだわる〉理由は、うまく創られている。五十二歳のメレディスの息子はベトナムで死んでおり、メレディスは〈罪の意識〉を背負っていることになっている。マイケル・バー＝ゾウハーは、こういう〈動機づけ〉が非常にうまい。

ここからあとの物語は、珍しく、ハードボイルド小説の定石に従って展開する。事件がおこった場所はナサン。そこにいた海兵隊の大佐（ブリグス）をたずねるが、大佐はなにも知らないと言う。メレディスは、当時の海兵隊員たちをたずねて歩くが、行く先々で事件がおこる。（話は前後するが、遺体の身元は途中でわかる。）〈事件〉の真相を知っているらしい男たちは次々に殺されてゆき、メレディスは廃人同様の元兵士の妻と関係する。この色模様がなかなか派手で、通俗ハードボイルドっぽくなる。地味な話なので、サーヴィスしたと見るべきだろう。

いうまでもなく、こうした話の場合、〈無名兵士はなぜ味方に殺されたのか〉という謎の解決が、あっというようなものでないと困る。ボルテージの高いこの小説は、〈解決〉の部分で、どうも、ずっこける。少なくとも、ぼくにはそう見える。〈無名兵士〉はヒューマニストであり、海兵隊の住民無差別殺りくに反対して殺された、というのである。通俗映画「プラトーン」の次元の発想ではないですか。

アメリカ人には、これでもショッキングかも知れないが、われわれは驚かない。戦争の中では、どんなことでも起りうる。ソンミ村の虐殺を非常に早くから知っていたわれわれは、この程度の〈真相〉では、びくともしない。

だが、ぼくは、マイケル・バー＝ゾウハーの創作心理もわからないではない。第二次大戦物では大伝奇物語を語れるこの作家が、近過去のベトナム戦争だと、なんというか、〈想像力が遠慮してしまう〉のだ。

しかし、一読者として見れば、〈解決〉の部分でずっこけるというのは好ましいことではない。

とくに、ハードボイルド小説の場合——
1　事件の依頼（謎の提示）
2　探偵の捜査のプロセス
3　解決（謎の解明）
というフォーマットが確立されすぎて、身動きがとれなくなっている。そこで、ポール・オースターの〈前衛ハードボイルド〉が出てきたりするわけだが、第一作を読んだ限りでは失望させられた。

ここで『無名戦士の神話』の真犯人を書いてしまうと、ブリグス大佐なのだが、これって、なんというか、読者にわかってしまうわけですね。ハードボイルド小説の場合、依頼人が犯人、とか、重要な証人・または警察のボスが犯人、というのが、ほとんどパターンになっている。かつてパズラー小説が行きづまったように、ハードボイルド小説も行きづまっているのだ。

さいきん読んだハードボイルド小説で、うーむ、と唸ったのはベンジャミン・M・シュッツの『危険な森』（扶桑社ミステリー）。レオ・ハガティーという私立探偵が活躍するものだ。

題材は、このごろ多い〈少女失踪もの〉で、他人ごととは思えない。ワシントンで十三歳の少女が失踪し、しらべてゆくと売春組織にぶつかる。とりあえず、女一人を呼び出す（つまり、〈買う〉のですが）と、女が「カードが使えます」と言って、バッグからインプリンターを出す。こういう細部が面白い。

この女が実は、売春組織の記事を書こうとしているリポーターという意外性もあり、物語は順調に結末に近づく。これで、少女が家に帰るのであれば、〈よくある話〉にすぎない。

〈真相〉は別なところにある。少女の〈最初のセックスの相手は父親〉という告白がなされ、少女は家に帰りたくない、と言う。――ここにいたって、少女の母親が失踪の件を警察に連絡せず、夫の眼をしのんで、ハガティーに依頼した冒頭の光景の意味が明らかになってくる。

実にいやな話だが、いまや、日本でもリアリティがあるといっていいだろう。「私には家庭がない」という少女を、ハガティーはガールフレンドのサマンサにあずけて、父親と取り引きをする。（この小説がリアルに感じられるのは、ハガティーが好意をもつ女性リポーターが惨殺される描写の凄さのせいかも知れない。）

〈社会の歪み〉を描くのがハードボイルド小説の本道だとすれば、このネオ・ハードボイルド作家は、かなり、まっとうである。この場合、事件の謎の方は大したことがないが、もう一つの〈人間性の謎〉の方は奥が深いし、印象に残る。この手は一度しか使えないが、ロス・マクドナルドの往年の作品群を想い出させるところがある。

ハードボイルド小説ではないが、見知らぬ町で（母親の見ている前で）ドラッグストアに入った娘が消えてしまい、母親が何十年も待ちつづけるという異常な小説のことを、ついでに書いておく。クレイ・レイノルズの『消えた娘』（新潮文庫）がそれで、強いて分類すれば警察小説なのだろうが、この作品の魅力は明らかに〈同じ場所で何十年も待つ母〉の姿にある。定石外しといえば、これほど定石を外した物語もなく、むろん、〈前衛〉などではない。

ハードボイルド小説の定石について書くつもりだったのだが、つい、よけいなことを書いた。しかし、こういうすぐれた小説もあるのだから、小説の世界は広い。

6　映画と小説のあいだ

ワーナー映画の好意で、『アクシデンタル・ツーリスト』の映画化「偶然の旅行者」の試写を観せてもらった。すぐれた小説の映画化はたいてい失敗するか、筋のダイジェストに終るものなのだが、この映画はそうではない。原作者が「あんな地味な小説は映画にならない」と辞退したのを、製作・脚本・監督のローレンス・カスダンが説得した。すぐれた脚本家であるカスダンは戦略をもっていたし、じじつ、この映画はアメリカでは興行的にも成功し、ジーナ・デーヴィスはアカデミー助演女優賞を得た。その基本は、ローレンス・カスダンの脚本にあるとみて間違いない。

いまの日本映画は〈脚色〉が下手である。下手というより論外である。しかし、少しまえまではそうではなかった。「青い山脈」も「浮雲」も「赤ひげ」も、原作の精神を生かしたみごとな映画になっており、その基礎は〈脚色〉がうまかったからだ。

アカデミー賞には脚色賞があるのに、日本にはそれがない。〈オリジナル脚本〉と〈脚色〉とは別な仕事で、それぞれに価値があるのだが、日本では〈脚色〉を低い仕事と考えているとおぼしく、原作を脚本化するにあたって、ひたすらつまらなくする。技術がないから、そういうことになるわけで、撮影所のシステムが崩壊した結果である。（撮影所が厳然と存在していたころは、監督や脚本家の大物が新人脚本家をきたえた。黒澤明は第一作を撮るまえから脚本の面白さで知られていた。）

ローレンス・カスダンの脚色を検討することは、〈小説と映画の差〉を明らかにする作業である。そして、それによって〈小説の特徴〉もまた明らかになってくる。

一行で書けば、この映画は〈息子を失って、妻と別居中の優柔不断な男が若い女と知り合う〉という物語である。

原作では、男の回想やらなにやらあって、二十五ページあたりで、若い女ミュリエルが登場する。全体で三百三十ページの本だから、十三分の一というところだ。

映画では十五分たったところでミュリエル（ジーナ・デーヴィス）が登場する。映画は二時間一分だから、約八分の一。このくらい早く出てきてくれないと、退屈してしまう。それでも原作の出し方よりも遅いくらいだ。

もっとも原作では、ミュリエルは魅力的な登場の仕方をしていない。〈皺だらけの粗末なブラウスを着た若い女が立っていた〉という風に、女性が女性を描写する時のシンラツさが目立つ。映画では、ぼくが予想していたよりはグラマラスに登場し、〈安っぽいキャリア・ウーマンの魅力〉を発散させる。なにしろ主人公がウイリアム・ハート、その妻がキャスリーン・ターナーだから、このくらいピカピカにしないと、バランスがとれないだろう。（この映画のミュリエルは、ぼくが原作からイメージしていた女性とは、かなり違っていた。もっと地味で、かつエロティックな役者を考えていたのだ。）

　ぼくの側のこうした違和感を除けば、映画はおどろくほど原作に忠実である。死んだ子供から電話がかかってくる幻想シーンも、映画独自のもののように見えて、実は原作にちゃんとある。会話なども、原作そのままである。

　ローレンス・カスダンは「『偶然の旅行者』という小説は入念に組み立てられているが、それは僕の（シナリオの）書き方でもある」と語っている。それはそうにちがいないが、アン・タイラーの原作じたい、映画の技法をとり入れていることも否定できない。（だからといって、だれもがカスダンのように脚色できるわけでもない。）すでに述べたように、映画の影響を受けていない小説というのは現代ではまれなのだ。

　原作をぱらぱらと眺めかえして、なぜか映画のオリジナルのように錯覚していたラストのタクシー探しからミュリエルをひろうまでの件りが、そのまま、原作にあるのに気づいた。

　これまで映画が苦手としていた〈奇妙な人々〉——つまり、主人公の兄弟、妹の三人の独身者の描写だが、こういうものはこれまで、小説の独占販売だったのである。ところが、この奇妙な三人組の生態が実に面白い。彼らの一人が口を開くごとに、ぼくのとなりにいた若いアメリカ人（だろう）が、ひっ、ひっ、と笑っていた。（こういう奴ら、いるいる……）という笑い方である。「ハンナとその姉妹」「月の輝く夜に」あたりから、アメリカ映画は新しい家族像を描き出すようになった。

だいたい、こういう描写は、たとえば、わが成瀬巳喜男などの独壇場だったはずである。ついでにいえば、ウイリアム・ハートが演じる優柔不断男なんて、成瀬や五所平之助が中年の上原謙を使ってとっくにやっていた。ところが、こんな男がアメリカ映画に出てくると、とたんに、新しく見えてしまうのである。

映画を観たあとで、はたと気づいたのだが、この映画で重大な役を果す犬——こういうものも、小説は苦手なのである。〈ウェルシュ・コーギーで、とても脚の短い犬〉と書いてあっても、ふつうの読者はどんなものか分りゃしない。ところで、映画の中に犬がヨタヨタと出てくると、これはまあ、犬嫌いのぼくでも、納得させられる。まして、ミュリエルによる犬のトレーニング風景なんて、小説では書きようもない。犬と子供（ただし、死んでいるのだが）という映画の最強の武器が、原作よりも効果的に使われている。

では、映画は無敵だろうか？

映画では、主人公は確固たる考えをもって、ミュリエルを選ぶことになる。原作だと、主人公には大した考えはない。主人公は最後まで、ふらついており、いちおう決心はしたものの、絶対的なものではない。あくまでアクシデンタルなものだと、自分でも認めている。——そこから、哀感というか、人生うたかたの如し、といった感慨が湧いてくる。これは小説の得意技《わざ》だ。

映画はもっと直線的なものだから、ミュリエルをえらぶこと＝ハッピーエンドにならざるをえない。だから、映画で〈結論を出さなかった〉小津や成瀬が、海外の映画人にはとても新鮮に見えるのだろう。

7 〈悪い〉たのしみ

短篇小説を読む習慣がほとんどない。読んでも面白いと思うことはめったになく、だから、というのは変かも知れないが、自分から書くこともない。（ぼくが今までに短篇を書いたのは別な理由からであり、ここでは触れないでおく。）『小説世界のロビンソン』でも、短篇小説群は外している。

ぼくは〈長篇小説至上主義者〉だったのだが、さいきん、少し考えが変ってきた。無意味に長い小説が多くなったからである。

むろん、それがスティーヴン・キングのものであれば、中短篇よりも長篇の方が絶対に面白い。キングの生理が長篇型だからだ。

アメリカの小説で〈長すぎる〉と思うのは、ベストセラー狙いのものである。ベストセラーは〈読みでがある〉のが売り物だから仕方がない。

一方、日本の小説が長くなりがちなのは、発表紙（誌）の関係である。新聞小説は一回が三枚、百回書けば三百枚である。しかし、二百回、三百回という回数（あるいはそれ以上）が要求される。

新聞小説史上の名作とされた『青い山脈』でさえ四百五十枚あるかないかだろう。（『青い山脈』の次を書いた作家が当然いるのだが、だれも記憶していない。そのくらい『青い山脈』はヒットした。）とにかく、発表するメディアのおかげで、日本の長篇は水増し状態になりつつある。四百枚から四百五十枚ぐらいで、きりっとした長篇を書きたいというのが、谷崎潤一郎の長篇を読みかえしつつあるぼくの感想である。

そういうぼくが、メアリー・ゲイツキルという女性の『悪いこと』（早川書房）という短篇集を手にとって、心をひかれた。

まだ三十四歳だが、経歴がすごい。「大人になったら娼婦になる」と称して、高校停学。麻薬密売人と二カ月暮して、精神病院送り。十六歳から〈物乞い（?）〉、花売り、ストリッパーをして放浪、ストリッパーで資金を稼いでミシガン大学に入る。これからあと、古書店の事務員、モデル、秘書などを経て……と、訳者あとがきにある。作家になるには申し分のないキャリアである。

日本の作家（女性）にも、かなりのキャリアの人がいた。しかし、まあ、たいていはキレイゴトを書く。〈放浪はしたけれども、心は汚さなかった〉式ですね。「売春をして悪いか」なんて人はいなかった。ところが、メアリー・ゲイツキルはちがう。小説を読んでのカンだが、アマチュアの売春もしていたみたいだ。

いや、そんなことはどうでもいい。「悪いこと」（Bad Behavior）にはそうした体験が豊富にとり入れられていて、とにかく面白い。小説としても、うまい。アメリカは短篇王国だから、レヴェルが高いのが当然だが、短篇小説としてのあがりがいい。

こういうお姐ちゃん(カヴァーの写真はロリコン少女風で不気味)が出てくると、夫婦の別居とか離婚をネタにしているミニマリズム小説は、いよいよ分が悪くなる。しかも、お姐ちゃんは、『天国』という〈ふつうのアメリカ小説〉も書いているのだから、かなわない。(途中で思いだしたが、『秘書』という、この作家のなんとも、いやらしい短篇は、「ミステリマガジン」八八年十一月号で読んでいた。このいやらしさは一年たっても覚えている。)

短篇小説の内容を書くのは面倒だけれども、ま、仕方がない。仕事と割りきって、やりましょう。

どの作品もいいのだけれど、『あがき』なんてのはどうだろうか?

ステファニーという〈アマチュア娼婦〉がヒロインで、いまは三軒目の店にいる。(一軒目と二軒目の娼家がいかに変だったかも、ちゃんと書いてある。)ステファニーは作家志望であり、客といっしょに「ニューヨーカー」と「アトランティック」のフィクションについて話をする。ステファニーは〈いま主流にあって自分がばかにしている作家たちをこきおろした。〉彼女は弁護士のバーナードという客を悪く思っていない。他のやり切れない客にくらべれば。彼女は客との関係を〈ごきげんな娼婦と父親的おじさま〉という風にしておきたいのだが、その幻想は続きっこない。

ある日、バーナードは「きみは、こんなところにいてはいけない」と言う。「やめるなら、電話番号教えてよ」

彼女は〈商売〉をやめたが、バーナードからの電話はない。そこで創作に専念し始める。

やがて電話がきて、二人は街で食事をする。バーナードは彼女のアパートの外まで送ってきて、別れぎわに百ドルわたす。彼女はショックを受けるが、結局、うけとり、以後二、三度、そういうことがつづく。

ある夜、二人は彼女のベッドで互いの性体験を話し合う。彼女はふいにバーナードを嫌いになる。男もそれを感じ、帰りかかる。彼女はほっとする。これで終ったと思う。三十分後、男が金を置いていかなかったことに気づく。〈彼女はベッドに腰をかけ、泣いた。〉

自分でも何で泣いているのかわからない。それから外に出る。〈ハロウィン・ナイトのように美しい夜〉で、彼女は韓国人の八百屋でリンゴを一つ買う。

〈韓国人の〉というところが、いかにも今のニューヨークなのだが、はっきりいって、この短篇は要約できない。魅力的な部分が全部こぼれてしまう。興味のある人は原文か翻訳を読んでください。

ゲイツキルの本は八八年に初めて出版された。短篇群は〈不健全〉というので雑誌編集者たちの反発を買っており、いきなり単行本にまとめられて、評価されたという。作者は「私の〈正常〉は他の人より範囲が広いだけ」と開き直っている。こうした態度にぼくは大いに啓発された。

〈不健全〉を書けるのは、どうしても〈純〉文学ということになる。たまたま送られてきた谷崎潤一郎の『美食倶楽部』（ちくま文庫）などは、その元祖格である。世のヘンタイと位置づけられるBehaviorを、あくまで〈人間的なもの〉として書きつづけた大《おお》谷崎の仕事を改めて見直しているときに、『悪いこと』を読めて、幸いであった。

8　〈最新作〉としての『蓼《たで》喰う虫』

大型の時代小説作家として迎えられつつある隆慶一郎が、往年の日活アクション映画の脚本家・池田一朗氏であることは、なんとなく知っていた。

先日、旧創元文庫で出た『バルザック、スタンダール／小説について』（一九五一年＝昭和二十六年、古い！）を読みかえしていたら、訳者（大岡昇平）の解説の最後に、〈文学士池田一朗氏の協力を感謝します〉という一行があり、この〈池田一朗氏〉が、旧日活のあの池田一朗氏であるかどうか、思い悩んだ。ぼくの友人に脚本家・池田一朗氏の弟子がおり、電話してみようか、とも思ったが、おとなげない気がして、ためらった。

たまたま医院の待合室で、月おくれの「サンデー毎日」をみていたら、隆慶一郎さんのインタビューがあり、昭和二十三年から二十六年まで創元社にいたと語っていた。たぶん、『小説について』を創元文庫に入れるときに、〈訂正〉（と大岡さんは書いている）を手伝ったのだろう。

これで疑問は解決したのだが、ぼくの『1960年代日記』を、ちくま文庫に入れるのでゲラをみていたら、かつて、ぼくは池田氏にお目にかかっているのでした。記憶はあてにならない。

さて、谷崎潤一郎である。さきごろ『蓼喰う虫』を読みかえして、ぼくが生れる前に、こういう小説が書かれていたことに驚嘆した。

少年時代にも青年時代にも面白く読んでいたのだが、この小説の凄み、真価はわからなかった。

『蓼喰う虫』がいま発表されたとしても、〈まったく新しい小説〉として評価されるだろう。この小説に描かれた奇妙な夫婦、家庭の崩壊は、今でこそ、ストレートに理解されるが、一九二八年（昭和三年）には、〈非常に特殊なケース、エクセントリックな作家の自画像〉としか解されなかっただろう。当時も高く評価されたらしいが、違う意味合いだったらしい。

『蓼喰う虫』は単純な小説ではない。だからこそ読み直す必要があるのだが、人物配置はきわめてシンプルである。

主人公の斯波要《しばかなめ》は会社の重役であり、資産もあり、〈かつかつながら有閑階級の一員として暮して行くことの出来る身〉と設定されている。東京の下町育ちではあるが、反動として下町嫌いであり、歌舞伎を見るよりはハリウッド製の映画が好き、というのは、作者の一面である。関東大震災のあと大阪に移住しているのは、作者そのものといえる。

妻の美佐子は魅力的な女性に描かれているが、要は〈結婚してから一二年の後、次第に性的に彼女を捨てかけて〉いる。〈二人は互に性的には愛し合うことが出来ないけれども、その他の点では、趣味も、思想も、合わないところはない〉という微妙な関係で、小学校四年の弘という一児がいる。

美佐子には阿曾《あそ》という恋人がいる。要もそれは認めており、美佐子が離婚をいい出したら、応じるつもりでいるが、要の方から積極的に切り出す気持はない。（あとで分ることだが、要にも愛人がいる。）妻に恋人が、夫に愛人がいながら、現状を変えるのがプラスかどうか迷っている夫婦という設定が、一九二八年に、新聞小説（大阪毎日新聞、東京日日新聞）として書かれたという事実は、やはり凄い。

谷崎潤一郎の仕掛けのうまさは、美佐子の父親が京都の鹿《しし》ヶ谷に隠居所を作っている茶人という設定にも見られる。老人は江戸っ子らしいが、まだ六十まえで、実はなまぐさい。お久という京都生れの、おっとりした〈魂のないような女〉が老人の世話をしている。

登場人物はもう一人いる。葉巻をくわえたおしゃれな男、高夏秀夫で、要の従弟である。たまにこの家に現れるらしいが、高夏が出てくる場面はつねに明るい。要と美佐子の仲を心配し、弘に気をつかっている。秀夫が弘をつれて東京に発つところで、小説の前半は終る。

ここまでに描かれているのは商都・大阪での東京人たちのモダンな生活風景とその底

にある性的関係だが、後半は、要が老人とお久のおともで、淡路島へ行く光景に始まる。
ここで要は人形芝居の元祖である淡路浄瑠璃《じょうるり》を見物する。関西の古い芸の世界が展開され、筋を追う読者はとまどうにちがいない。谷崎の意図は明瞭であって、彼が一九二三年(大正十二年)の関西移住によって初めて発見した上方の文化、そのショックを読者に伝えたかったのである。地唄の「ゆき」について語るうちに、要の幼年時代の〈静かな東京の下町〉の回想が入ってくるのが圧巻であり、〈大阪の中に明治時代の下町を発見していた〉谷崎の本領が発揮される。下町の闇の中に〈ほの白い女の顔〉を見るのが、ラストへの伏線になる。

淡路島から船で神戸に出た要は、家には帰らず、オリエンタル・ホテルで〈脂っこい物〉を食べて、山手のミセス・ブレントの家へ行く。外人の女ばかり置いている娼館である。彼が会うのは〈断髪に赤い体であばれている〉ルイズという女であるが、この女の描写には『痴人の愛』(一九二四年)の匂いが残っている。
高夏は要に「いいかげんに決断しては」と手紙で言い、老人は夫婦を家に呼び、要に「もう一度考え直すように」と言う。遊び人だった老人は、昔だったら、こんなことで離婚にはならない、と、止める気でいる。老人の家の蚊帳に入った要は、〈淡路土産の女形《おやま》の人形〉と〈人形ならぬ(お久の)ほのじろい顔〉を闇の彼方に見る。

すべてが未解決で終るこの小説は、それゆえに現代小説たりえている。モダニズムと古典回帰が微妙なバランスを保っており、崩壊寸前の家庭のさめた描写には一分の隙もない。

さいきん出た谷崎終平（潤一郎の末弟）の『懐しき人々・兄潤一郎とその周辺』（文藝春秋）は回想記としては平凡なものだが、『蓼喰う虫』のモデルとして、高夏秀夫＝佐藤春夫、阿曾＝大坪砂男（戦後、一時《いっとき》名を知られた推理作家）とあり、後者には驚かされた。しかし、こうしたモデル問題を離れて読むにこしたことはなく、今こそ、『蓼喰う虫』は日本文学の〈最新作〉として読まれるべきなのである。

9　トマス・ハリス的パターン

大海の中で一匹の小魚をつかまえる——そういう気の遠くなるような作業の物語は、映像の世界で始まった。

ぼくの知る限りでは、マーク・ヘリンジャー製作の「裸の町」がその始まりで、一九四八年のことである。ファッション・モデル殺しの二人の男をニューヨーク全域から探し出すという警察物で、黒澤明の「野良犬」（四九年）に影響をあたえたとおぼしい。「野良犬」は、一刑事の拳銃をうばった男を焼跡の東京で探す物語で、映画史的には「裸の町」よりも大きな影響をもち、「ダーティハリー」をはじめ、実に多くの作品を生み出した。この設定の最初にあるのは絶望感である。とても犯人をつかまえられないという徒労感。それがひょんなことから解けてくる〈感じ〉というのは、例の〈宮崎事件〉で、われわれにとっても、きわめてリアルなものになった。

ところで、トマス・ハリスである。十三年間で三作しか発表していないこの作家（うらやましい！）のパターンは同一で、すでに述べた〈大海の小魚〉である。

第一作の『ブラック サンデー』(新潮文庫)は傑作であった。ジョン・フランケンハイマー監督による映画化もよかったが(日本ではビデオのみ発売)、原作はもっとよかった。

パレスチナ・ゲリラがアメリカに潜入する。目標は八万人の観客を集めるスーパーボウルと臨席するアメリカ大統領。全員をみな殺しにする指令を出したのはリビアのカダフィである。

一方、ベイルート市内でたまたまこの計画を知ったイスラエルの秘密諜報部員は、凶行を阻止するためにアメリカへ急行する。広いアメリカの中でパレスチナ・ゲリラをどうやって発見するか、そのプロセスが実に面白かった。

こうしたタイプの小説は、おそらく『ジャッカルの日』から始まったと思われるが、『ブラック サンデー』がユニークなのは、追う側と追われる側が不馴れな土地で戦うところにあった。この小説の発表は一九七五年。

一九八一年の第二作『レッド・ドラゴン』(ハヤカワ文庫)の犯人もまたとり憑かれた男である。彼は大量惨殺事件をおこし、引退したＦＢＩ調査官ウィル・グレアムに追われると、逆にグレアムを殺そうとする。この小説の余白に、ぼくは〈パターン＝干草の中から針を探し出す〉と書き記している。

映画版「ブラック・サンデー」は、たしか、スタジアムでの死者が出なかったと記憶する。ところが、原作では五百十二人の死傷者が出ている。こうした残酷さもトマス・ハリスの小説独特のあくである。

第三作『羊たちの沈黙』(一九八八年、新潮文庫) もまた、基本的には〈干草の中で針を探す〉小説である。

犯人は五人の若い女性を殺して皮膚をはぎとっている。『レッド・ドラゴン』の犯人も変な男だったが、こちらの犯人もそうとう変で、なぜそんなことをやったかが解明されても、完全な異常心理なので、読者は (そういう奴もいるのか) と思うだけである。この犯人 (バッファロウ・ビルと仮に呼ばれている) をつかまえるのも大変に決っている。行動のルールがまるでわからないからだ。

この小説には『レッド・ドラゴン』に出てきたFBI課長のジャック・クロフォードが出てくる。もう一人、天才的精神病医で九人の人間を殺しているレクター博士も出てくる。

FBIアカデミー訓練生の女性クラリス・スターリングがジャック・クロフォードの命令で獄中のレクター博士に会いにゆくのが発端で、レクターはクラリスに心をひかれて、〈バッファロウ・ビル〉探しに協力することになる。

獄中で犯人を割り出すレクター博士は、ほとんど安楽椅子探偵のノリである。『ブラック サンデー』がもっていたアクチュアリティの面白さは失われ、物語は推理小説っぽくなってきた。当然、〈干草の中で針を探す〉困難さはすくなくなっている。

『羊たちの沈黙』は、これ一作だけみれば、けっこう面白いエンタテインメントなのだが、トマス・ハリスの過去の二作とくらべると、どうだろうか?

もっとも、トマス・ハリスにいわせれば、この変貌は〈作家としての進歩〉になるのかも知れない。

犯人割り出しの〈頭脳〉はレクター博士、〈行動〉はクラリス、という分業で物語がすすむ。犯人はわりに早くわかってしまうが、トマス・ハリスの場合、後半の Ride to rescue、つまり、間に合うかどうかというサスペンスを極力もりあげるのだ。とくに今回は、若い女性が皮膚をはがされるかどうかというピンチだから、サスペンスが大きい。

はっきりいえば、プロットは大通俗で、インテリ好みの味つけをしただけ、といえなくもなかろう。『レッド・ドラゴン』の場合はウイリアム・ブレークの絵、『羊たちの沈黙』ではジョン・ダンやT・S・エリオットの『聖灰水曜日』が引用され、知的なアクセサリーになっている。

〈大通俗〉というのは怪人レクター博士が脱走してしまい、自分で整形手術をして、南米に逃げようとするところで小説が終っているからである。〈バッファロウ・ビル〉は死んだが、もう一人の怪人が逃げ出しては仕方がない。しかも、怪人はジャック・クロフォードを憎んでいるので、二人の戦いはまだつづくと見ていいだろう。

以下は、ぼくの邪推である。笑いながら読んでいただきたい。

トマス・ハリスは〈干草の中の針〉小説の困難さに疲れたのではないか。レクター博士がのさばり出したのは、その表れではないだろうか。しかも、この人物はかなり魅力があるので、読者をつかむには絶対にプラスなのである。

なんたって、博士も大量殺人犯なのだ。こんな危険人物を放っておいていいはずはない。——と、こんな風に書くぼくは、すでにトマス・ハリスの術中に落ちているのだが……。

レクター博士は、きっと再々登場するだろう。アルセーヌ・ルパンがそうであったように。ま、エンタテインメントの王道といえば、そうなのだけれども。

10　そこまで書く!?

ぼくは週刊誌も読み、ラジオもきく。現在、ぼくに〈人間とはなんと奇妙なものか〉を教えてくれるのは、ある種のラジオ番組であり、残念ながら小説やテレビではない。

映画はビデオを含めて、一九八九年には百本近く観ており、来年の「バック・トゥ・ザ・フューチャー3」がたのしみだ。今日買った本は『青山紀ノ国屋物語』と『宮沢りえ・ビデオ付写真集』で、後者はインチキくさいのを承知で買った。（宮沢りえの写真集は前に出た方が良心的。）小さなパーティのお呼びが多いが、タバコの煙を吸うと発熱する体質なので、失礼している。世間を狭くし、日本では明らかに損をするのだが、発熱の苦痛を考え合わせると、やはり欠席せざるをえない。

つまり、〈世間＝人間への好奇心〉と〈原稿を書く仕事＝どこかに閉じこもる〉という正反対の方向にぼくは引き裂かれ、宙ぶらりんの状態にある。荒木経惟さんがぼくを〈ポップ・アーティスト〉と呼んだのは、たぶん、正しい。あのときは、ぼくが緊縛写真を撮りたいと話したのだった……。

作家の死について考えた。あるいは、〈死〉について、でもいい。考えているうちに――そういう時はデーモン小暮やとんねるずの深夜放送も切ってしまう――太宰治の死の直前の作品群を読みかえしたくなった。

太宰治は中期の作品がいいという風に考えており、『小説世界のロビンソン』にもそう書いた。今でも、その考えは変っていない。『ヴィヨンの妻』に代表される末期作品群の、ある種、荒廃した感じが、少年だったぼくには堪えられなかった。青年のときにも堪えられなかった。

たとえば『家庭の幸福』は、〈家庭の幸福は諸悪の本《もと》〉という有名なアフォリズムでしめくくられる。特殊な太宰マニアは別として、この短篇がどういうものか想い出せる人はすくないのではないだろうか。が、すべてを忘れてしまっても、アフォリズムだけは口に出てくる。

太宰治はこうしたアフォリズムの天才で、つまらぬ冗談をいえば、コピーライターになっても超一流になれた人である。末期の作品の中から、ほんの少し、ひろい出してみようか。

〈子供より親が大事、と思いたい。〉

〈生きるという事は、たいへんな事だ。あちこちから鎖がからまっていて、少しでも動くと、血が噴《ふ》き出す。〉

〈仕事なんてものは、なんでもないんです。傑作も駄作もありゃしません。人がいいと言えば、よくなるし、悪いと言えば、悪くなるんです。〉

——などなど、いくらでも出てくる。

今度、古い全集（一九六二年版）で九巻にあたる一冊（『斜陽』『人間失格』も入っている）を読みかえし、なるほどなあ、と思った。この、なるほどなあ、には色々な意味がある。

この時期（死の前の一年半）の短篇は、大半が私小説、ないしは変型私小説である。〈この一年半の華々しい活躍が、太宰治の名を天下に高め、その文学を不朽のものにした……〉という奥野健男氏の解説は過言ではない。ぼくが中期の作品を称揚するのはこうした定説に対するささやかな反抗にすぎず、リアルタイムで太宰の死の前後を知っていれば、そりゃまあ、奥野説は正しいのである。（なにしろ、太宰のだの字も知らなかった少年たちが「ワザ。ワザ」とか「快楽のイムポテンツ」とか「ギロチン、ギロチン、シュルシュルシュ」といった言葉を口にしていたのだから。ぼくも、なにかふざけてみせたら、「ワザ。ワザ」と言われたことがある。文学作品の中の言葉が中高生のあいだで流行するなんて、空前絶後だろう。）

自殺、というのは太宰治の初期からのキーワードであるが、晩年（といっても、まだ三十代後半）になると、家出→家庭の崩壊→自殺、という連想がオブセッションのようになっている。『家庭の幸福』と『桜桃』の両方に、玉川上水に飛び込む、川に飛び込み死んでしまいたく思う、の文字が見られる。自殺の方法まで思いつめられていたのだと思う。

少年だったぼくが反感をおぼえたのは、〈家庭の幸福は諸悪の本《もと》〉というのは、要するにワガママじゃないかということである。それは、まあ、そうなのだ。しかし、そう言いたくなることもある、というのが中年になったぼくの感想だ。

それにしても——と思う。よく、ここまで書いたものだ。とんねるず流にいえば、「そこまで言う!?」である。

『おさん』の中の——

〈男のひとは、妻をいつも思っている事が道徳的だと感ちがいしているのではないでしょうか。…（中略）…もし夫が平気で快活にしていたら、妻だって、地獄の思いをせずにすむのです。ひとを愛するなら、妻を全く忘れて、あっさり無心に愛してやって下さい。〉

という部分は少年のころには全くわからなかったのだが、真実なのですね。真実ではあるけれども、こういう形で書いてしまうと、もう後戻りできない恐さがある。なるほどなあ、と嘆息したのは、その意味もある。ミもフタもない、というか、こういうナマな言葉で書いてしまうのは、もう、家庭をこわす一線を踏み切ってしまっている、とぼくはみる。

〈真実を小説につくり直す〉作業を放棄してしまえば、思いきりナマな言葉になるわけで、私小説はそういうものではあるけれど、これらの短篇はきつすぎる。そして、これはやはり〈青春の文学〉なのである。そうでなかったら、こうワガママにはできない。

だいたい、太宰治の死んだ歳は村上春樹氏より若く、いま生きていても、べつに不思議はないのだ。私の記憶だが、太宰治、大岡昇平、松本清張は同年の生れだったはずである。（あとで調べたら、やはり、そう。一九〇九年の生れ。）そう思って読むと、太宰治も谷崎どうよう、現役としか考えられないのだが、いかがでしょうか？

11　なにから読むか、バルザック

名前を書けば誰でも知っている作家からハガキがきて、バルザックの『谷間の百合』『絶対の探究』を読んだけれども〈しんどかった〉と書いてあった。

　これだな、とぼくは思った。バルザックが読まれない原因はここにある。まず、つまらない作品にとっつくように、かつての欧米小説翻訳文壇は作られていた。そして、いまや、大書店はアメリカ小説の洪水である。とんでもないイモ小説、いや、ポテトチップス・ノヴェルが大手を振って歩いている。ここでも、バルザックの傑作はお呼びでない。

　敗戦後すぐに、つまり一九四九年に出た『世界文学全集』(河出書房)は非常によいものだが、バルザックの二巻のうち一巻がよろしくなかった。(もう一巻が『従妹ベット』だと最近わかった。)オビには〈バルザック代表作集〉〈バルザック撰集〉と二つならべてある。その収録作品は次の通り。

　「絶対」の探究
知られざる傑作

砂漠の情熱
ツールの司祭
赤い宿屋

高校生だったぼくは、まさしく〈しんど〉い思いをして読んだ。オレには合わん、と思った。

ほぼ同じころ、『従妹ベット』や『従兄ポンス』が新潮社から出ていた。高校卒業のころ、この二冊を読んで、ひゃー面白ぇ、とバルザックを見直した。

さて、モームの『読書案内―世界文学』（岩波新書）をみてみよう。モームは、バルザックから〈ただ一冊をえらび出すのは困難〉としながらも、『ゴリオ爺さん』をあげている。

さらに、『世界の十大小説（上）』（岩波新書）で、モームは、バルザックの生涯をえんえんと語ったあげく、やはり、一冊だけ読むなら、『ゴリオ爺さん』と言って、その理由をあげている。

1　物語が初めから終りまで面白い
2　構成がきわめてよくできている
3　ヴォートラン（ルパンの原型ともいうべき怪人）が出てくる

モームは他にもいろいろ語っているが、まあ、すべて、首肯《しゅこう》される。

『暗黒事件』も面白い。記憶で書くのだが、たしかフーシェが出てきたはずだ。そして最後に……と、これ以上は書けないのだが、この作品も入門書に入れたい。（ついでに述べれば、モームの訳書が出るまえに、ぼくは『ゴリオ爺さん』を角川文庫で読んでいた。）

整理してみよう。バルザックのすばらしい世界に入る門としては、こうしたものが考えられる。

『従妹ベット』（わざと説明をしない）

『従兄ポンス』（　〃　）

『暗黒事件』（一種のミステリ）

『ゴリオ爺さん』（モームの推せん）

ここへいかないで、『谷間の百合』（白い創元文庫で読んだ）なんかにひっかかると退屈する。『ウジェニー・グランデ』もどうかなあ。ぼくはかったるかったけどね。右にあげた四冊がつまらなかったら、あなたはバルザックとは縁がない。〈新世界の小説〉（とヨーロッパからの某帰国子女がアメリカ小説を表現していた）でも読んで、映画「バットマン」でも観ていなさい。

四冊が面白かったら、次には長いものへゆくといい。

『幻滅』

『ラブイユーズ』

なんてのがオススメである。『ラブイユーズ』ばかり知られてしまったが、『幻滅』は凄い小説である。東京創元社のバルザック全集（二十六巻）のうち、二巻を占める。これはジャーナリズムが舞台の、いってみれば、業界小説である。しかも、あのヴォートランが出てくるのだ。〈私の人生を変えた一冊〉というのがあるが、ぼくは『幻滅』を読んで、ジャーナリストをやめる決意をした。

バルザックの入門書は日本語でも沢山あるが、それらの価値を認めた上で、ぼくは昔の創元選書のアランの「バルザック」を推したい。小西茂也訳のこの本は、小西氏が作った〈人間喜劇・人物索引〉が付いているのがありがたい。どの人物がどの作品（複数）に出てくるかが引けるのである。現在、出版されているかどうかは知らないが、なければ、古本屋で探せばいい。

いけないのは『谷間の百合』ではないかと思う。これは〈純愛小説〉で、バルザックはもっとも苦心したらしい。アランも絶賛しているので、ぼくとしてもケナす気はないのだが、バルザックという、冒険小説・ロマンス・経済小説・歴史小説・推理小説・リアリズム小説・恐怖小説のごった煮的世界に入るのを、どっちかというと、さまたげると思うのだ。『谷間の百合』は、あとから読んだほうがいい。

などと、日刊ゲンダイ（大好きです）のソープランド案内みいなことを書いているが、ぼくは日本語版全集を半分も読んでいないのである。

ま、ぼくがタイマンとか忙しいということもあるけれど、訳が古めかしいのが原因の一つである。（太宰治をぼくは旧カナ版で読んでいるのだが、太宰の読み易さというのはもともとヒラガナが多いためなのだ。）だれかが読み易い訳をやってくれるといいのですが。

もう一ついえば、映画化されないのですね、なかなか。『パルムの僧院』『赤と黒』『戦争と平和』『アンナ・カレーニナ』といった〈名作〉は映画になり、『オリバー・ツイスト』『ハックルベリー・フィン』は映画とミュージカルになっているのだけれど、バルザックはならんのですね。映画化は『山師ヴォートラン』と『金色の眼の女』ぐらいしか想い出せないが、映画封切当時、『金色の眼の娘』（小説の邦題）が読まれたって事実もなかったし。

つけ加えておくが、これまでに挙げた作品が文庫で出ているかなどと訊きかえすのはやめてもらいたい。そういう調べは自分でこつこつやること。文庫本がなかったら、全集が残っているかどうかを東京創元社に問い合せたり、古本屋を歩きまわること。『世界の十大小説』は八八年二月に〈記念復刊〉されたから、どこかにあるだろう。

12　J・M・ケインの不思議

原則論をいえば、ぼくは小説や映画に順位をつけるのが好きではない。

映画界で〈ベストテン〉といえば「キネマ旬報」のが一応〈権威がある〉のだが、このベストテンも、はじめは同人誌のものだったのである。「キネマ旬報」そのものが、当時の若い批評家の同人誌だったのだから当然だ。〈ベストテン〉のプラス面は、すぐれた若い才能をクローズ・アップしてみせることにだけある。

で、小説であるが、こちらも〈ベストテン〉作成には反対である。「ミステリマガジン」の毎年の〈ベスト3〉に参加しているのは、集計をしないことを条件にしてのことだ。いま、翻訳ミステリは年に約三百冊。これを全部読んでの話なら別だが、三百冊読んでいる人は一人もいないだろう。

小説を書いてみれば分ることだが、どんな小説でも、作者は苦労をしているはずだ。それを他人が陰でアレコレいうのならともかく、公然と〈順位をつける〉など無神経、おこがましい。朝日新聞のコラム（「ミステリー&SF」）に「ミステリマガジン」はアンケートの集計をのせろ、と書いてあったが、集計しないのは編集部のポリシーなのだ。

〈リストを参考に年末年始を楽しもうという読者も多い〉というが、甘えてはいけない。読む本は自分で探すべきである。〈年末年始〉に読む本をひとりで探すところに読書家の真の快楽があるはずではないか。

さて、ジェームズ・M・ケインである。

『郵便配達は二度ベルを鳴らす』だけで日本に知られているこの作家は一九七七年に八十五歳で亡くなった。

ぼくが初めて読んだケインは、邦題『郵便屋はいつも二度ベルを鳴らす』（蕗沢忠枝・訳）で、出版社は日本出版協同だった。一九五四年、大学生だったぼくは、ぶっきらぼうな文体に魅了され、たちまちファンになった。

このころ、ケインの小ブームができつつあった。

というのは、日本出版協同がミッキー・スピレーンの選集を出したのがヒットし、スピレーンの次がケインということになったのである。（この決め方は実に安易であるが、今とそう変っているわけでもない。）

日本出版協同は十巻の〈ケイン選集〉を予告したが、推せん人が井上友一郎だったのにびっくりした記憶がある。銀座のバーの女たちを描く風俗作家とジェームズ・ケインがどこでつながるのだろうか。

とにかく、『郵便配達……』と『セレナーデ』と『深夜の告白』『バタフライ』の四冊を出して打ち切りになった。『深夜の告白』は前年（一九五三年）にビリー・ワイルダーの映画化作品が日本公開されていたが、ケインの名とは結びつかなかったとみえる。

もう一つ、「別冊宝石」の一巻として〈ハードボイルド三人篇（ケイン・グルーバー・チャンドラー）〉が出、「恋はからくり」（Love's Lovely Counterfeit）が収録された。

ここで、ケインの長篇の邦訳を整理すると——

『郵便配達は二度ベルを鳴らす』（三四年）
『セレナーデ』（三七年）
『恋はからくり』（四二年）
『深夜の告白＝殺人保険』（四三年）
『バタフライ』（四七年）
『アドレナリンの匂う女』（六五年）

の六作で、『殺人保険』は新潮文庫に入り、「白いドレスの女」公開のときに増刷された。『アドレナリンの匂う女』は新潮社から出て、創元推理文庫に入った。

『郵便配達……』は、一九八一年版の映画化のおかげで、各社から訳書が出た。この小説は四回映画化されているが、三九年のフランス映画版を観ている人を知らない。四二年のイタリア映画版（ルキノ・ヴィスコンティの第一作）と四六年のMGM版（ジョン・ガーフィールドとラナ・ターナー主演）、八一年版（ジャック・ニコルスンとジェシカ・ラング主演）はいずれもレンタル・ビデオで観られる。（「白いドレスの女」は「殺人保険」をベースにしているが、忠実な映画化ではない。）

『郵便配達……』は〈映画の原作〉としか見られない傾向があるが、今度、何度目かの読み直しをして、二十世紀文学の中の傑作という確信は、いささかもゆるがなかった。濃い内容を効率よく物語る点で抜群である。それに人物描写がすごい。カッツという弁護士がとくによく描けている。

ハヤカワ・ミステリ文庫の小鷹信光・訳の『郵便配達夫はいつも二度ベルを鳴らす』には、ケインの〈私の小説作法〉というエッセイがついていて、一読にあたいする。題名の意味も説明してあるし、〈タフだとか、ハードボイルドだとか、冷酷だとかいった文体を意識的に試みたことは一度もない……〉とケインみずから書いている。

ぼくの考えでは、ケインは〈ある種のリアリズム〉作家であり、『郵便配達……』はその長所がもっともうまく出たのではないか。〈ハードボイルド〉とは、結果としてそうなったわけで、しかし、ぼくはハメットやチャンドラーには感じない親しみを、ケインに覚える。それがどういうことか、自分でもよくわからないのだが。

もっとも、『セレナーデ』（これも四回映画化されている）のようなメロドラマは勘弁して欲しい。『殺人保険』（原題『倍額保険』）や『郵便配達……』のような、はっきりいえば〈暴力と金と性〉を描かせたら、ケインの右に出る作家はいないのではないか。ヘミングウェイのように女性的な（従って男性的な世界にあこがれる）作家には『郵便配達……』のような硬質な作品は書けない。

もっとはっきりいえば、ケインは『郵便配達……』で燃え尽きてしまったよう作家かも知れない。処女作がベストで、ゆっくり下降してゆくタイプではないかという気がしないでもない。

一九五四年ごろ、英文科の卒論にケインをえらぶといっていた友人がいたが、どうなっただろうか。そして、映画が一本しか公開されていなかったのに選集まで出たというあの熱気はなんだったのか。

13 ミステリが〈わからない〉ということ

「新潮」一九九〇年四月号にのった田辺聖子さんの「ミステリーと文学賞」というエッセイが、とても面白かった。

先日、原寮の『私が殺した少女』が直木賞を受けた、その審査の席の話である。発表されてしまうと、なんということもなく見えるが、『私が殺した少女』は〈大いに難産のあげく、一票差で逃げきった……〉という。山本賞とちがって、直木賞は審査のプロセスが公表されないために、実体が見えにくい。

このエッセイで、あっと思ったのは、〈純粋なミステリーが直木賞を受けたのは、この作品がはじめてのような気がする〉という一行であった。いまだにそうなのか、というのが、いつわらざる実感であった。

一九六〇年前後のいわゆる〈推理小説ブーム〉のころ、推理小説では直木賞がとれないというのが常識であった。

当時の関係者なら誰でも知っていることだが、戦前に直木賞を得た推理作家が選考委員にいて、推理小説を片っぱしから落とした。また、時代小説作家の選考委員は、推理小説などが幅をきかしては迷惑だというわけで目の仇にし、これでは推理作家は浮ばれない。

記憶で書くが、佐野洋のいくつかの作品、樹下太郎の『銀と青銅の差』、笹沢左保の『人喰い』は、当然、直木賞を得てしかるべきもので、編集者だったぼくはヒフンコウガイしていた。

いかになんでもズレているというわけで、問題の推理作家は選考委員から外された。（このときの文春サイドの〈外し方〉が面白いのだが、書かないでおこう）。

この〈推理小説暗黒時代〉でも、ミステリ的作品が直木賞を得ていないわけではない。ただし、多岐川恭の『落ちる』は〈奇妙な味〉小説として、黒岩重吾の『背徳のメス』は社会小説としての評価であり、戸板康二の『團十郎切腹事件』だけがパズラーだが、〈一流の劇評家の、余技とも思えぬ作〉〈歌舞伎の教養〉という付加価値が大であった。水上勉の『雁の寺』は〈文学性〉が評価された。

広義のミステリ作家に直木賞があたえられるようになったのは、松本清張が選考委員になってからで、生島治郎（『追いつめる』）、三好徹（『聖少女』）、陳舜臣（『青玉獅子香炉』）、結城昌治（『軍旗はためく下に』）とあいつぐが、――『青玉獅子香炉』だけは読んでいない――いずれも、ミステリとしての評価ではなかったと思う。

こうして、近年の逢坂剛『カディスの赤い星』、笹倉明『遠い国からの殺人者』まで飛んでしまうのだが、――そしてぼくはこれらの作品を読んでいないのだが――田辺さんは、前者をサスペンス小説風、後者を社会問題小説的、と解されておられる。

では、田辺さんのいう〈ミステリー〉とは、といえば、〈タンテイが出て来て警察に小突き廻されたり、犯人と渡り合ったりしたあげく、謎ときをして犯人像に迫ってゆくという、典型的な「探偵小説」〉であり、こういう「探偵小説」で〈一般的な文学賞を受けたのは、原氏がはじめてだろう〉と考察する。


『私が殺した少女』が一票差で決った理由を、田辺さんは書いておられて、〈慣例に目をふさいで〉動機をバラしている。それについての選考委員の意見というのが、いろいろ出ていて、笑わせてくれる。世の中にはミステリ音痴の作家というのが、多いのだ。状況は、一九六〇年ごろとほとんど変っていないらしい。

もちろん、すべての作家がミステリに精通していなければならぬ理由はない。ぼくにしても、さいきんの海外ミステリの翻訳は何分の一しか読んでいない。――でも、基本というものがあるでしょうが。基本さえ判っていれば、べつに、数多く読むこともないのである。

ただし、ミステリというものが、ふつうの小説（なにが〈ふつう〉かという問題もあるのだが）と、若干ちがったものであるのも確かだろう。その点は、田辺さんも心得ておられて、自分の中に二つの部分（ファンとしての立場と委員としての立場）があるという。

そもそも、〈ミステリーは読者を一ぱいくわせるという、宿命的な作為〉を必要とする。それは、たとえば〈人間が描けている・いない〉という文学論（？）と抵触するに決っている。犯人の像をきちんと描写すれば、初めから、犯人がだれであるか、わかってしまうからだ。

ここで、基本的な問題が出てくる。エンタテインメントの賞では、〈文学的〉〈人情話的〉作品は、はじめから外してしまえばいいということだ。（だいたい、隆慶一郎に賞を出さないなんて失礼ではないか。）しかし、直木賞は川口松太郎の芸道人情小説から出発しているので、この説は通用しまい。

田辺さんの文章でもっとも笑ったのは、「探偵のカンがよすぎる」という批判が出たという部分で、田辺さんは「探偵というものはカンがいいものですよ」と反論したという。

なにか、1たす1は2、というレヴェルの議論で、こんな批判が通用するのであれば、冒険小説をふくめて、全ミステリは崩壊してしまう。いや、『羊をめぐる冒険』のラストの「君はもう死んでるんだろう？」という感動的な場面の〈僕〉も、〈カンがよすぎる〉ことになってしまう。絶望的ではないですか。

ここで、賞の選考委員（一部の）について、あれこれいう気持はない。ぼくがSFについて知識がないように、ミステリの初歩の初歩さえわきまえない作家が存在しても仕方がない。それは仕方ないのだが、「探偵のカンがよすぎる」などと、カサにかかった発言をするのが困る、ということである。

ただ、ミステリのごく初歩の知識をもっていないと、現代の文学を論じるときに困ることも確かだ。

先日、朝日新聞の文芸時評で、知ったかぶりをした評論家が、ウールリッチをハードボイルド派に入れていた。ま、この程度の〈評論家〉がこれから続出するだろうが、目に余るのは、田辺聖子さん流の〈ユーモアにくるんだ怒り〉で叩いておくべきだろう。日本には推理小説評論家が存在しないので、ぼくが率先してやるしかあるまい。モグラ叩きみたいな作業ではありますが。

14　日本文学の根本問題

橋本治の文章は、短いものを若者雑誌に書いていたころから注目していて、丁度十年まえ（一九八〇年）に、B社の人に、「もう治さんは権威だな」と言ったら、その人は、へっと言って、黙ってしまった。橋本治をほとんど知らなかったのだ。

『橋本治雑文集成』（河出書房新社）は、『桃尻語訳　枕草子』が売れたから出たのだろうけど、正直いって、羨しい。ぼくは（きわめて謙虚に言って）自分をスーパー級の天才だと思っており、たいていのことは羨しくないけれど、このシリーズだけは羨しい。だって文庫で出たものを、単行本にして、しかも〈集成〉だからね。

〈集成・パンセⅢ〉の「文学たちよ！」は、題名通りの文学論集だが、〈インテリの裏本——山崎豊子〉がとくに面白かった。まえに読んでいたのだが、読みかえして、目を洗われるようだった。（ぼくも短い山崎豊子論を書いていて、『時代観察者の冒険』に収めている。）

〈インテリの裏本——山崎豊子〉は、まず、山崎豊子が軽《かろ》んじられていることへの怒りで始まり、なぜ軽んじられるかという理由を二つ半あげている。そこらは、読者が各自、読んでもらいたい。

〈蛇足ながら、「山崎豊子はスゴイ!」と言えるのが一流のインテリの証明なのである〉と橋本治は書く。その通りで、つけ加えることはない。

おっと、すぐ次に、〈私は超一流だから……〉という一行があった。困るな、これは。ぼくの〈スーパー級の天才〉という認識が、冗談か、真似に見えてしまう。

こう言いかえればいいのだ。〈スーパー級の天才の小林信彦や超一流の橋本治がスゴイと言うのが山崎豊子だ〉と。


さて、橋本治の文学史的考察をみてみよう。

はなはだ大ざっぱに問題を要約すると、
1 小説で〈人間の内面〉を過剰に重要視するのは、十九世紀的である。しかも、その〈内面〉は、いまや、見事にステロタイプである。
2 前衛小説がつまらないのは、二十世紀になっても、あいかわらず、〈19世紀の小説をぶち壊すことに専念している〉からである。
3 山崎豊子は自分の内面を問題にしない。山崎豊子は一貫して〈他人の行動＝ドラマ〉だけを見ている。つまり〈人間行動の観察者〉である。
(このあとも、山崎豊子論はつづくのだが、ま、本文を見てください。もっとも、橋本治は『不毛地帯』から『二つの祖国』への移行の〈不安〉にも触れているから、手ばなしで礼賛しているわけではない。)

以下は、橋本治の考察に触発されたぼくの考えである。問題2は自明の理であるから、問題1について書く。

日本人には、ヨーロッパの小説のような意味での〈内面〉はないのではないか。二葉亭四迷が『浮雲』を書くときに、近代小説にふさわしい文体のお手本探しに困った話は有名だし、ヨーロッパの自然主義を誤解して〈自然主義文学〉を作ってしまった人たちのプロセスもとっくに明らかにされている。

〈自然主義文学〉がどうまちがったかというと、〈他人や社会〉を〈ありうべき一般性〉において捕えるための技術であったリアリズムが、〈作家の自我に適用されて〉しまったということである。これは四十年も前の中村光夫の理論だが、いまだに有効なのが情ない。

もう少しわかり易くいおうか。
バルザックの有名な言葉で、小説とは〈細部の真実〉に支えられた〈荘厳な虚偽〉だ、というのがある。
つまり――全体はつくり話・フィクション・しかし、細部はリアルでなければいけない、ということである。細部がウソっぽいと、全体がウソっぽくなり（もともとつくり話なのだからね）、したがって、すべてが崩れてしまう。

この〈細部の真実〉を描くための技術が〈リアリズム〉なんです。

しかし、日本では、〈文学〉というものそのものが輸入品（明治に入ってからの）なのだから、日本国内に入ったとたんに変質する。（東南アジアのカレーが日本に入って、〈ライスカレー〉や〈カレーライス〉になったのと同じような変質があったわけ。）〈リアリズム〉という武器を作家自身に向けてしまい、明治の終りから大正にかけて、〈私小説が文学の王座を占める位置にあった〉ということになります。

それから、もう七、八十年たっているのだけれど、（そして、もちろん、さまざまな批判を浴びて〈私小説〉はいちおうは消滅したのだけれども）批評家とか評論家というのは、まだ、心のどこかに〈私小説ベスト的気分〉がある。いや、編集者、ジャーナリズムにもその傾向がありました、ほんの少し前まで。今でもあるかも知れない。

バルザックのあまりにも愚直な後継者である山崎豊子が無視されたのは、文芸ジャーナリズムの大好きな〈人間の内面〉や〈前衛小説〉を問題にしなかったからです。

そう——山崎豊子こそ、実は正統的十九世紀作家であり、横光利一が失敗した〈社会小説〉を、いとも易々と書いてしまったからこそ、無視された。その底にあるのは、自分たちにとって居心地のよい〈古い文壇〉をおびやかされてはたまらないという〈文壇人〉の恐怖感です。

よく読んでみたら、橋本治も〈徹底した19世紀人間山崎豊子〉と書いているのですね。もっとも、橋本治は、もう一つの補助線をひいて、山崎豊子の〈現代性〉を証明している。

ぼくの見方からすると、山崎豊子の〈現代性〉は〈集団〉を持ち込んだことと、ミステリ的手法ですね。そういえば、この作家の直木賞受賞第一作は完全なミステリでした。

15 題名についての果てしない悩み

昨年（一九八九年）の十一月から、ずっと、書下ろし小説を書いている。

この小説のテーマの一つは、十年まえに書こうとした〈米軍占領下に育った日本人の行方〉である。一九八〇年秋、アトランティック・シティまで取材に行った（自費でです）にもかかわらず、このテーマは棚上げされた。テーマが先走って、ストーリーにまとまらなかったからだ。

そこで、『ぼくたちの好きな戦争』を、先に書いた。この題名は、わりに、すぐ思いついた。

今度の小説は、いくつかのテーマがからみ合っているために、題名がなかなかきまらない。いらいらして、眠りが浅くなったりしている。

他の作家のことはまるで知らないが、ぼくは題名を考えるのが苦手である。

それがそうではないように考えられているらしい。まあ、見えない苦労ということだろうか。

傍目八目《おかめはちもく》というが、他人の小説のタイトルを考えるのは、わりに慣れている。むかし、翻訳小説雑誌の編集をしていたときに、原題とちがう邦題を、毎月、いくつも考えていたからだ。これは外国映画の邦題を考える作業に似ている。一九六〇年ごろ、新外映という輸入会社があって、ゴダールの『息切れ』を「勝手にしやがれ」と直して、名をあげた。「太陽がいっぱい」とつけたのもこの会社で、直訳のようにみえて、なかなかうまいものである。邦題が悪いと、作品が埋れてしまう。「勝手にしやがれ」も「太陽がいっぱい」も、いまだにズレを感じさせない。

題名は重要である。スピルバーグの「E.T.」は、はじめ、「少年の生活」というタイトルだった。「少年の生活」では、世界的なヒットはおぼつかなかったろう。

さて、小説の題名である。

これがむずかしくなったのは、一つには、〈純文学風題名〉という枠がこわれてしまったからであろう。

むろん、枠がこわれても、そういうタイプの題名をつける作家はいる。思いついた例をあげれば、高井有一さんの『夜の蟻』、岡松和夫さんの『手弱女《たおやめ》』である。これはこれでよいのである。

ぼくはもともと、このタイプが駄目だった。文芸誌の小説でも、『金魚鉢の囚人』（七四年）とか『ビートルズの優しい夜』（七八年）といった題名で、そのせいだけでもあるまいが、評価がなかった。『金魚鉢の囚人』をホメてくれたのは扇田昭彦さんだけだった。

『金魚鉢の囚人』は、ニール・サイモンの芝居を映画化した「二番街の囚人」をアメリカで観ていたので、そこからヒントを得たように思う。『ビートルズの優しい夜』は考えに考えたもので、英語で題名をつけ、日本語に訳した。当時としては大胆な題名だった。〈ビートルズ〉という固有名詞が入っているだけでも嫌われる時代だった。

〈内輪ウケ〉の題名はよくない、とつくづく思う。

例をあげれば、『悪魔の下回り』。語感としては、ばかばかしくおかしいのだが、小説の題としては、よくなかった。ぼくはほかの題を考えていたのだが、『悪魔の下回り』にしてください、と固執する編集者がいて、反対するのが面倒くさくなった。

もう一つの失敗は『世間知らず』。映画関係者に話したら、いい、いいと言われて、その気なった。『坊っちゃん』を現代語にすると、まあ、〈世間知らず〉だと思うが、もう一つ考えるべきだった。映画の題名と小説の題名はちがうのだ。

〈内輪ウケ〉したら、あぶないぞ、と考え直すべきなのだろう。

今回、むずかしいのは――とはいっても、なんとか〈らしい題名〉を思いついてはいるのです――書いているのが、ジャンルでいえば〈純文学〉に属するからである。

つまり――。

1　〈純文学〉の読者も認める。
2　〈純文学〉好き以外の、もっと、はば広い読者が興味をもってくれる。
3　とくに、女性の読者が興味を示してくれる。
——この三つの条件をそなえた題名を、考えるから、むずかしくなるのである。オイルショック以前なら、作家がこんな風に頭を悩ます必要はなかったはずだ。（これ以上書くと、だんだん腹が立ってくるから、もう、やめよう。）

一般の人には、なにがなんだかわからないだろうと思われるのが『ちはやふる奥の細道』で、これはもう、これ以外につけようもない題名である。「ちはやふる」という落語と『奥の細道』を知っていても、だからといって面白いわけではない小説で、色川武大さんと江國滋さんしかわからないのではないかと思っていた。幸い、ぼくの本としては売れたので、なんとか恰好がついたが、そうでなかったら、悲惨なことになったろう。

ここで、自分の小説の題名に点をつけてみよう。（これはあくまで題名それじたいで、内容についてではない。）

『ビートルズの優しい夜』85点
『夢の砦』80点
『ちはやふる奥の細道』90点
『発語訓練』78点

『ぼくたちの好きな戦争』80点
『極東セレナーデ』85点
『世間知らず』60点（55点か？）
『裏表忠臣蔵』75点
『イエスタデイ・ワンス・モア』75点
いま書いている小説　？点

つい抜かしてしまったが、『袋小路の休日』は80点でもいいと思う。『紳士同盟』は題としてはよいのだが、むかしのイギリス映画に先例があるのがひっかかる。

自分では会心の題名と思った『私説東京繁昌記』は、〈私説〉や〈繁昌記〉のアイロニーがもう通じなくなっているので、文庫に入れていない。いずれ、書き直しをするだろうが、それまで生きているかどうか、保証の限りではない。

16 永井荷風の「小説作法」

「本の雑誌」一九九〇年七月号で、亀和田武さんと山口文憲さんが『濹東綺譚』について語り合っているのを興味深く読んだ。

永井荷風については、さいきん、まともに論じられることがすくなすぎる。俗説の一つとして、芸者遊びというものがわれわれの生活から消滅してしまったため、というのがあって、だから荷風は文庫でも読まれなくなった、と、出版社の人は嘆く。たしかに、そういう一面もあるかも知れない。

話を『濹東綺譚』一作に限れば、これは明治以降の日本文学がもちえた最高の散文の一つだと思う。

〈小説家〉荷風が理解されにくいのは、物語を作る才能がいま一つ弱かったという点にあるのではないか。たしかに、荷風の小説は、ときどき本棚から引っぱり出してみたいというものとはちがう。引っぱり出してみるのは、風俗や文明批評の部分であり、あるいは余りにも有名な日記である。この〈日記〉も、かなり創ったものだと思うが、文章がよいから読まされてしまう。この〈日記〉こそ荷風の最上の〈作品〉という説も以前からあって、まったく的外れともいえない。

荷風の小説は、エッセイ的要素、都市論的要素が強すぎるきらいもある。全篇が議論という小説もあって、甘さがない。誤解をおそれずにいえば、〈小説はメロドラマ的要素によって読まれる〉のである。娘が課題図書として漱石の「こころ」を読んでいたので、ぼくも久しぶりに眼を通したが、これはメロドラマにもなっていないひどい小説であった。中味のないこうした小説がもてはやされ、ブランド商品となり、荷風が読まれないというのは、日本と日本文化が衰亡に向っている証拠である。漱石はすぐれた作家だが、「こころ」だけは頂けなかった。

『濹東綺譚』は、〈わたくしは殆ど活動写真を見に行ったことがない〉という有名な一行で始まり、〈大江匡《ただす》〉という作家（＝わたくし）が「失踪」という小説の取材のために玉の井へ出かけることになる。

このメタフィクション的趣向は、ジイドの『贋金つかい』の影響下にあると思われるが、作品はそうした〈趣向〉を離れて、独自の方向に動いてゆく。当時の荷風について知りたければ、秋庭太郎の四冊の伝記*に眼を通せばよい。

ここで、ぼくが紹介したいのは、荷風の「小説作法」である。岩波版・荷風全集の十四巻に入っている。

これは一般の読者には分りにくいものかも知れない。一九二〇年という大昔に書かれたものだが、とりあえず最前線で小説を書いている人間には、大いに役に立つ。

たとえば――

〈読書思索観察の三事は小説かくものゝ寸毫《すんごう》も怠りてはならぬものなり。……〉

として、〈読書〉〈思索〉〈観察〉の三つの〈兼《かね》合《あ》い〉のむずかしさを強調している。

さらに――

この三つのためには〈身の境遇〉を考えなければならない、とも言っている。はっきりいえば、〈金銭的・精神的余裕〉がなければ駄目だという論である。親の財産のおかげで、荷風は貧乏を知らず、敗戦のおかげで稼ぐことを知ったという。この辺は、同じ東京人でも、谷崎潤一郎とは正反対のあり方だ。

役に立つところは――

〈小説は独創を尚《とうと》ぶものなれば他人の作を読みてそれより思いつきたる事はまず避くるがよし。おのれの経験より実地に感じたる事を小説にすべし。腹案成りて後《のち》他人の作を参考とするはさして害なからん。〉

そして最後の一行――

〈小説家たらんとするもの辞典と首引にて差支なければ一日も早くアンドレヱジイドの小説よむようにしたまえかし。……〉

とあり、当時の新作家ジイドを推賞している。

くりかえすが、「小説作法」が書かれたのは一九二〇年である。

しかし、荷風がジイドを読みついでいったと考えるのは、まあ、自然であろう。ジイドの『贋金つかい』がフランスで単行本になったのは一九二六年。

そして、『贋金つかい』における〈小説の中の小説〉のアイデアは、一九三六年執筆の『濹東綺譚』の構想のプラスになる。もちろん、『濹東綺譚』はメタフィクションといった物欲しげなものではない。（『濹東綺譚』は朝日新聞夕刊に連載され、ライヴァル紙に小説を書いていた横光利一に大ショックをあたえるのだが、正確な資料がいま手元にない。）

〈現代の文学は其の源《みなもと》一から十まで悉《ことごと》く西洋近世の文学に在り。〉

と言う荷風は、決して〈西洋近世の文学〉のネタをそのままでは使わなかった。〈西洋近世の文学〉にあこがれていた横光利一とは教養のケタがちがっている。（なにしろ、すべて、原書で読んでいたのだから。）

若いころ読んだときも、いまも、感心するのは、作者が、いきなり素顔であらわれる『濹東綺譚』のラストである。

大江匡だったはずの〈わたくし〉は、明らかに永井荷風その人になり、〈古風な小説的結果〉の放棄を宣言する。ロマンス、あるいはメロドラマになりうる要素を切りすててしまうのである。（山口文憲さんが〈アンチロマン〉と感じたのは、そういう部分であろう。）

しかも、小説のあとに付いている〈作後贅言《ぜいげん》〉が、また泣かせる。メロドラマを切りすてた荷風は、あくまでもリリカルである。そこには〈マルクスを論じていた人が朱子学を奉ずるようになった〉時代への皮肉もあり、東京の風俗の変遷が語られ、そして……という結末に読者はおどろかされる。そこにあるのは都会人だけが持つセンチメンタリズムだからだ。

荷風の小説は徹底して〈都会人による都会人のための小説〉であり、田舎者の読者がふえるにつれて、追放されてゆく運命にある。その事実に哀惜の情を抱くのは、いま三十代後半の人あたりまでであろうか。

＊秋庭太郎による伝記
『考証　永井荷風』（岩波書店）
『永井荷風伝』（春陽堂）
『荷風外伝』（〃）
『新考　永井荷風』（〃）

17 〈短篇小説〉について

小説について語ることは虚しい――というのが、今のぼくの実感である。

日本での小説論議、批評のレベルがあまりにも低いので、主として、

1 小説とは何か？

2 小説とはどういう風に発達してきたか？

を明らかにするために、ぼくは『小説世界のロビンソン』という評論を書いたのだが、どうもマトモには読まれなかったようだ。

〈小説論〉では今どき売れない、という考えから、オビに〈自伝的ブックガイド〉と刷り込んであるのだが、

「さいきん、ブックガイドみたいな本を出したんだって？」

と古い友人に言われて、むっとした。

けっこう義務感を感じてやった仕事である。〈エッセイ的評論〉とみずから名乗ったのは謙遜してのことで、本当は堂々たる評論だと思っている。

本の中にも書いたと思うが、高校生のころ、岩波新書で桑原武夫の「文学入門」を読

み、そのときの大きな刺戟がヒントになっている。

しかし、ま、今の日本でマトモなことを言っても通用しないのだと判った。すべて、〈売れゆき〉である。映画界がそうであるように、数字しか通用しないのだ。（映画界がそうなったのは十五年くらい前からである。「キネマ旬報」が〈興行成績の批評〉を前面に押し出したからだ。それはそれで別に悪いとは思わないのだが、全ジャーナリズムが同調したのがいけない。たとえば、黒澤明の「夢」は伊丹十三の「あげまん」より客が入らないからよくない、という批評である。こういう発想は、テレビの視聴率から出たので、ぼくは〈視聴率の発想〉と呼んでいる。）

『小説世界のロビンソン』で、ぼくが意図的に外したのは、短篇小説論である。理由はいろいろあるが、ぼくは短篇小説がキライなのである。むろん、これは一般論で、久保田万太郎や上林暁の短篇は大好きだ。

しかし、日本は〈短篇小説の国〉なのである。

森高千里風にいえば、

——ある日、突然、知らない男が
私を呼びとめて
いいか　短篇小説書けなきゃ
もぐりと呼ばれるぜ

というわけだ。（これは冗談ではない。）

日本の作家は大半が短篇作家である。読者のよく知っている名前をあげれば、村上春樹がそうである。作家のタイプとしては短篇型であり、また、実にうまい。『短篇小説講義』（岩波新書）を出した筒井康隆も、まぎれもない短篇型の作家である。（日本には長篇型の作家は十人もいないのだ。ジャーナリズムはときどき「日本には長篇小説がすくない」とか、「さいきんはすぐれた短篇がすくない」とか、思いつきで、正反対のことを口走るから困る。）

『短篇小説講義』の目次は、一見ブッキッシュな（学者ぶった）印象をあたえるが、一口でいえば、短篇小説の魅力と可能性を語った本である。著者の意図は、〈短篇小説の現況〉という章にくわしく記されているから、ここではくりかえさない。しかし、けっこう〈ハウ・トゥ物〉的要素があることは、終りのほうの〈新たな短篇小説に向けて〉の章で明らかになる。

とりあげられた作家は、ディケンズ、ホフマン、ビアス、トウェイン、ゴーリキー、トーマス・マン、モーム、ローソン（この名前は知らなかった）という、〈げんざい岩波文庫で入手可能な作家の短篇〉に限定されている。

いかに短篇ぎらいのぼくでも、大学で習ったりはしているわけだから、トーマス・ハーディやジョイス（『ダブリン市民』の）や、おなじみのモーパッサンといった定番はなぜ入らないのか、この作家たちについての意見をききたい、と思うのだが、そこは、岩波＝筒井のタッグ・チームによってシャットアウトされる。それでも、トーマス・マンが入っているだけ、まあ、いいか。

じっさい、二冊本で出ていた岩波の『トーマス・マン短篇集』(今は一冊本らしい)は、高校・大学時代のぼくにとって、バイブルに近いものだったのである。こう書くと、〈短篇ぎらい〉が怪しくなってくるのだが、熟読した。トーマス・マンのテーマ〈市民(商人)対芸術家〉は、まったくひとごとではなかったのである。『ブッテンブローク一家』の最後で死ぬ少年は自分のことだと思っていた。商人としてのぼくの〈家〉はそのころに崩壊したのだから、切実なのは当然であった。

筒井康隆らしい〈読みの深さ〉を示すのは、サマーセット・モーム論である。モームがチェーホフに反発して〈オチのある短篇〉を書いたのは、〈一幕劇の作法〉を応用したからだという指摘には、あっと思った。これは劇作にくわしい人でなければ思いつけないことで、正しくそうだと思う。筒井康隆はノエル・カワードのようなウェルメイド・プレイの作法に通じており、その魅力を強調していた人である。

もう一つ、ローソンの『爆弾犬』についての章は、スラップスティック小説の書き方のこつを語って、著者もリラックスしている。構造主義の用語を用いてギャグを説明しているが、〈小説論とは作家自身を語ることだ〉という定義にぴったりとはてはまる。

世界で短篇小説が盛んなのは日本とアメリカという事実は有名であり、多くの人が指摘している。イギリスで短篇が盛んだなんて、きいたことがない。

ひとことでいえば、メディアの問題である。(それと〈小説における後進性〉。)

アメリカは雑誌が多く、短篇の需要も多い。日本は〈文芸雑誌〉という特殊なものがいくつもある。そういうことである。

ちかごろ、ショートショートを見かけなくなったのは、オイルショック以後のPR誌の衰亡にある。かつて（一九六〇年代）のPR誌は、ショートショートやエッセイに、一枚二千円から三千円（作家によってはもっと）支払っていた。いまでいえば一枚二万円から三万円である。

メディアが小説の形を決めるというのは、たとえば、そういうことである。

18　下町歩きと血縁

荷風の『濹東綺譚』を読んだあと、東京についての小説を読みたい、と思って、書庫のすみから『都に夜のある如く』をひっぱり出した。この小説は一九五五年（昭和三十年）に〈文藝春秋新社〉から出て、三年後に角川文庫に入っている。

高見順は一九六五年（昭和四十年）にガンで亡くなっている。五十八歳だから、ずいぶん若死にだ。その時、そう感じなかったのは、この作家が〈時代の子〉といわれたのが戦前だったからにちがいない。昭和三十年代には〈最後の文士〉といわれていた。こちらが若かったせいもあるが、大変なトシの人のように感じていた。

日本の作家で、自作を〈純文学〉と〈エンタテインメント〉に分けたのは、高見順が最初である。グレアム・グリーンを意識して、〈エンタテインメント〉的作品を〈売り絵〉と言っていた。『都に夜のある如く』は、どちらかといえば、〈売り絵〉なのであろうか。

むかし、この小説を読んだときは、ケイチョウフハクもきわまれり、という気がした。四十代後半の男二人が浮気をして遊びまわる風俗小説だからである。〈私〉（沖津）とその友人の玉置が、恋人をつれて、東京のあちこちを歩く。もちろん、恋愛が中心ではあるのだが、昭和二十年代終りごろの東京の風景が恋愛と同じウェイトで（あるいは、より強く）描かれている。

いまのぼくは、作中人物より年上だから、

「俺は、しかし、許されないことかもしれないが、恋愛がしたい。今のままでは、寂しくて、たまらない」

と唐突に言う玉置の気持がわかる。

『濹東綺譚』を手がけたころ、五十七歳の荷風は性欲の衰えを意識していたという説を読んだ。おそらく、まちがいないだろう。

『都に夜のある如く』の〈私〉（高見順の分身）も、〈男性〉としての終りが遠くないのを知って、焦っている。作者の年齢は四十七、八歳だが、セックスは個人差があるし、この小説は〈半私小説〉として読んで、これまた、まちがいないと思う。

そこで再読の印象をいえば、〈散漫な小説だが、一度目よりはよかった〉ということになる。

〈私〉が恋人の京子と〈薬研堀《やげんぼり》の羽子板市〉へ行くあたり、そこで生れたぼくには、たまらない。文庫本で四十五ページほどの〈第二話〉は、人形町、浜町、中央クラブ（旧・日本橋倶楽部）、旧・千代田小学校の焼けただれたような校舎（ぼくの母校）、両国橋を二人が歩くだけなのだが、山の手生れの人がノートをとりながら書いたのがよくわかる。しかも、昔の小説の常というか、二人がまだ〈できていない〉のだから呑気なものである。

柳橋近くの一室を〈私〉は仕事場にする。京子に逢うためだが、水上バス、柳橋の料亭特有の桟橋、花火、などの風物をあしらい、さらに、〈私〉は荷風散人さながら、下町の果てを歩きまわる。

佃島、相生橋《あいおいばし》、晴海町、八号埋立地（東京中のゴミを燃していた）あたりが活写されているのが、この小説のプラス面である。最盛時のトニー谷の名前が出てくるから、それだけで時代が浮び出る。〈私〉が京子と別れるのは人形町の近くだが、こういう部分は面白くない。

忘れられた小説でも、〈風俗〉だけは面白い、というのが、ぼくの持論だが、この小説も一例である。だいいち、小説としての〈構成〉がない。人物も生き生きとしていない。昭和二十年代末の東京風俗だけが、隙間を埋めて、おつりがくる。

『濹東綺譚』には及びもつかないが——と自分でもわきまえて、高見順は荷風もどきを演じてみたのである。どのみち、荷風には及ばないが、まあ、いいや、と。

このへんの気持は、なんというか、痛いほどわかる。

〈高見順年譜〉をみると——

〈父の坂本釤《さん》之助は旧尾張藩の永井家の出。永井荷風は釤之助の長兄永井久一郎の

息にあたる。〉

つまり、高見順は荷風のイトコなのである。

(そんなこと、百も承知という人は、このあとを飛ばして読んで欲しい。)

高見順(一九〇七年生れ)が私生児だったことは、みずから、しつこく書いていて、有名である。彼が出世作「故旧忘れ得べき」を刊行した一九三六年(昭和十一年)、荷風は『断腸亭日乗』の九月五日の部分に、こう記している。

〈……銀座街頭に於て偶然高見氏のことをきゝ、叔父の迷惑を思ひ、痛快の念禁ずべからざるなり。元来私生児の事などは道徳上の論をなすにも及ばず。ルーデサック一枚を用意すれば人生最大の不幸を未然に防止し得るなり。……〉

荷風は叔父が大きらいだった。その叔父の子供が小説の中で自分の出生の秘密を描いてしまった、ゆかい、ゆかい、と言っているのである。この日記には、もっとひどいことが書いてあるから、興味のある人は原文を読むように。

ところが、文学的に荷風の後輩であり、親子ほどトシがちがう〈高見氏〉が、やがて、荷風のテリトリーである浅草に出没し始めるのである。しかも、キザである。

『断腸亭日乗』一九四〇年(昭和十五年)二月十六日の一部。

〈……同氏のはなしにこの日の午後文士高見順踊子二三人を伴ひオペラ館客席に来れるを見たり。原稿紙を風呂敷にも包まず手に持ち芝居を見ながらその原稿を訂正する態度実に驚入りたりと云ふ。……〉

〈愚談〉と荷風は断じている。この月、高見順は『如何なる星の下に』という浅草を描いた小説を出版するので、〈時代の子〉らしさがピークに達していたのだろう。

ぼくが〈痛いほどわかる〉と書いた意味がおわかりだろうか？ われらが超個人主義者、永井荷風は、自分にあこがれ、下手な真似をしているイトコを歯牙にもかけなかったのである。

荷風は一九五九年（昭和三十四年）に七十九歳で亡くなり、高見順は六年遅れて五十八歳で死ぬ。ぼくは荷風を浅草橋駅のプラットホームで見たことがあるが、背が高いのにびっくりした。高見順は逗子にあるぼくの遠い親戚の家の一部を仕事場にしていたが、挨拶をしたことはなかった。

19　フェミニズムと不倫

『ローズの場合』という小説（文藝春秋）は、〈女性のための不倫ガイド〉という副題で損をしているのではないか。冗談めいた印象をあたえるからである。

この副題がないと、山本容子さんの装画とあいまって、女性が手にとってみる度合いがさらに高いのではないか、と思われる。（それだったら、「ローズの場合は……」という題名のほうがよいと思いますが。）

もっとも、副題は売るために作ったわけではない。原題が“A Woman's Guide to Adultery”で、訳者の直訳では〈女性のための姦淫の手引き〉、ぼくの訳では〈女性のための姦淫ガイド〉だ。

ま、ぼくの訳もうまくはない。〈姦淫〉は古すぎるので、編集部が〈不倫〉にしたのはよくわかるが、これって、女性週刊誌っぽい。つまり、〈Adultery〉がぴったりくる日本語がないのである。

で、まあ、あれこれ迷ってから買ったのだが、これはれっきとした文学であった。

作者のキャロル・クルーローはイギリスの元ジャーナリストで、仕事をしながら英文学（英国では〈国文学〉ですが）を学んだ。『ローズの場合』は八九年に出た第二作で、〈新しいフェミニズム文学〉だそうである。フェミニズム云々はよくわからないのだが――だって、ミス・コンテストに反対するのが日本のフェミニズム運動でしょ、ぼくにはその種のフェミニズムというのはインチキくさく見えるのだ、もっと他にやることがあるだろうが――、小説としては未熟だけれど面白い。

いきなり、ボニー・タイラーの歌が引用されているが、この歌と同じ題の――すなわち、『世界は女房持ちでいっぱいだ』というジャッキー・コリンズの小説が一九六八年に早川書房から翻訳が出ている。「世界は既婚男性でいっぱい」というのは、好きになった男は（そして最高の男は）結婚している率が高い、というほどの意味である。

小説の語り手のローズは、初めて寝たフィリピンの男（名前はロメオ！）がまず既婚であったと告白する。

初めのほうの語り口は文学らしくなく、ジョークをならべてゆくスタイルになっているので、入り易い代りに、小説なのかどうか迷ってしまう。ローズが三十八歳の自立した女性で、大学で創作科にいるというのが、現実の作者と同じなので、エッセイなのか小説なのか、しばらくは見当がつかない。

女の友達がたくさん出てきて、それぞれに恋人がいるのだが（いわゆる不倫もある）、これを〈私〉の視点だけでやられると、こちらは混乱する。メアリー・マッカーシーの

「グループ」といわぬまでも、多元描写でないと、読む側はきつい。ぼくが我慢したのは、イギリス流の辛いユーモアがところどころに仄めいていたからで、だいたい、〈不倫ガイド〉という（ハウ・トゥものをもじった）タイトルそのものが、シニカルなのである。

本の真中辺で、〈私〉は恋人のポールとパリ旅行に出る。ポールは大学の先生で、美しい妻モニカがいる。

〈パリ旅行は、ハネムーンのように感じられてきた。〉

という一行のあたりから、ようやく小説らしくなってくる。

なにしろ、ローズは、夫よりも妻が欲しいと口にする自立女性（いますね、こういうひとが）だから、秘密の旅行に出ることの意味が重いのだ。

小説を書く身として、うまいな、と思ったのは、ローズがベジタリアン（野菜しか食べない）であることを恋人に話すのを忘れていた件りで、食の都パリへ行っても、ローズとポールはばらばらな食事をする。小わざだけど、うまいと思う。

一方、ポールは、映画「カサブランカ」のラスト・シーンを観て泣くのが好きという変な男である。

だが、優しいローズは、その涙の意味を理解する。

彼ら（男たち）は、純情と、純粋なロマンスと、可能性の喪失のために泣くのだ。

貧弱な台本と、つまらない幕切れと、この完璧な三角関係の愛とは比べようのない（自分たちの）人生に泣くのだ。……

小説の後半は、ある意味では、〈よくあるドラマ〉である。

男性なんて――というタイプだったローズは、ポールからの電話を待ちつづける。この心理の描写は切ない。本のオビは、ここをセールス・ポイントにすべきだった。ローズが偶然、モニカにぶつかるのはルーティーンとしても、モニカが妊娠している事実にローズがショックを受ける場面も鋭い。

〈フェミニストの描く不倫小説〉の特徴とは、〈もう一人の女（相手である男の妻）に同性としての痛みを感じるかどうか〉だと、訳者は、あとがきで説明している。

そのほか、作者の言葉には、ほぼ同感できるが、ここでの〈姦淫〉は、やはり、モーゼの十戒と関係があるのだ。作者は、小説の冒頭で、いきなり、モーゼの十戒を（ジョークとしてだが）持ち出していて、これはかなり重要なことと思われる。

なぜなら、聖書と関係のないわが国の性事情は、ホンネの部分で、かなり、すごい、というか、めちゃめちゃになっているからだ。

ラジオの身の上相談を、二つ三つ聞いてごらんなさい。小説より奇怪な事実がぞろぞろ出てくる。

姦通罪が廃止されたのは一九四七年十月だから、あれから四十六年たって、性の混乱はもう、日常茶飯事になってしまったようである。

文学は、『赤と黒』『ボヴァリー夫人』『アンナ・カレーニナ』の昔から現在に至るまで、姦通を扱いつづけてきたのだが、これはすべて、内なるタブーがあったからで、緊張はそこから生じた。

アプダイクの『カップルズ』は〈神なき時代の性〉を描いていたが、これももう昔の話で、その点、『ローズの場合』は珍しく古風な不倫小説とたたえるべきかも知れない。

20 『流れる』と〈文化の終り〉

山本夏彦氏の『最後のひと』（文藝春秋）は、一つの文化の終りを、豊富な実例をあげて描いたものである。

われわれの先祖は（といっても、東京居住者に限られるが）〈いき〉ということを重んじた。それは美意識であり、文化であり、生き方であった。

著者によれば、

〈「いき」は花柳界と梨園《りえん》（演劇界）から生じて次第に素人に及んだが本来江戸末期のもので明治まで残り、大正の大震災を境にみるみる亡《ほろ》びたから、私はもの心ついて以来いきな人を見たことがない。〉

と規定されている。

〈男は大正十二年の震災以来、女は昭和二十年の戦災以来着物を着なくなった。いき、婀娜《あだ》、伝法などは着物と共に亡びた。〉

そういうわけではあるが、花柳界には〈いき〉をわずかに残している人たちがいた。古手の芸者の一部である。これは、いわば、〈いき〉の〈玄人の代表〉であろう。

昭和二十六年冬、幸田露伴の娘、文《あや》は柳橋の芸者屋に女中奉公した。(その理由は『最後のひと』の中に推理してあるから、ぼくは触れない。)彼女は〈いき〉に関してはアマチュアだが、針と糸、包丁を持ってはプロである。そうきたえたのは幸田露伴で、いわば〈素人の代表〉だ。

幸田文の『流れる』は、梨花(幸田文の分身)が〈蔦の家〉の女主人を観察する小説である。〈素人代表〉が〈玄人代表〉を囲む世界から受けるカルチャーショックを描いた小説といってもよいだろう。

女主人の名は書いていない。芝居では〈蔦吉〉になっているらしいが、成瀬巳喜男の映画「流れる」では、家は〈つたの家〉になっている。ビデオを確認してみたが、クレジットには役名が出てこない。当時の資料をみると、女主人の名は〈つた奴〉になっている。演じるのは山田五十鈴である。

(そういうわけで、この本の中に「小林信彦は蔦奴と名づけている」とあるのは、少々ちがう。田中澄江・井手俊郎の脚色コンビが〈つた奴〉と名づけたのである。ぼくが〈蔦奴〉と書いたのは、耳からきいた感じであり、字がちがっていた。)

以前にも書いたことがあるが、(そして山本氏も指摘しているが)原作には〈一流の花柳界〉とあるだけで、柳橋という地名は一つもない。本所・深川をさす〈川向う〉という言葉も、〈橋向う〉に変えられている。モデルとなった人たちに迷惑をかけたくないという配慮からだろう。

にもかかわらず、発表されたとき、読んで、すぐに、柳橋だとわかった。おことわりしておくが、『流れる』はかなり創られた世界である。うるさいほどの擬声語で創られた世界であるにもかかわらず、柳橋だな、とわかったのは、ぼくが通り一つへだてた町に生れ育ったからである。

幸田文がいたという昭和二十六年には、ぼくはそこに住んで、柳橋の銭湯（名前が変って、いまでもある）に通っていた。

おどろいたのは、山本氏が〈幸田文の語彙《ごい》には昔なつかしいのがある……〉として挙げている〈手づま〉〈あたじけない〉といった言葉を、ぼくが耳にしていることである。〈あたじけない〉（けち）は、若いころ使っていたかも知れない。父方・母方の祖母がかなり長生きしていたからである。

幸田文独特の無造作な言葉として、〈ごまける〉があがっているのにもおどろいた。これが〈ごまかせる〉の意味であるならば、ぼくは時々つかう。テレビ局から出た用語と思っていたのだ。

柳橋のとなりに住んでいただけではなく、わが家は生活に困って、二階の部屋を二流か三流の芸者に貸していた。女は自分で〈小便芸者〉と自嘲していたから、まちがっても一流ではない。そんなこんなで、ぼくは、〈一流でもなく粋でもない芸者の生活〉というものを、同年代の作家よりは心得ているつもりだ。

その観点からみると、小説『流れる』は幸田文の美意識によって統一されすぎている。

が、こういう注文はないものねだりであって、一般読者は〈素人代表〉が花柳界の裏側をどう眺め、どう感じたかという興味で読めばよいのである。

ぼくはそういう文化史に関心がなかったのだが、ひょっとしたら、『流れる』は花柳界を描いた最後の小説かも知れないと思う。そして、〈つた奴〉は、いきでイノセントな〈最後のひと〉の一人である。映画での山田五十鈴扮する〈つた奴〉はそういう風な、〈ほろびゆく人〉として描かれていた。

『最後のひと』は雑誌連載当時は「流れる」というタイトルだったという。

ここには〈亡びた教養のしんがりをつとめた人たち〉が、ならんでいる。

漱石・鷗外は漢籍の素養のある最後の人、と記されている。

永井荷風になると、漢文のほうが怪しくなる——と、秋庭太郎は具体的に指摘しており、谷崎潤一郎も『瘋癲老人日記』の主人公に〈荷風ノ書ト漢詩ハサシテ巧ミデハナイケレドモ……〉と言わせている。

幸田露伴の教養、幸田文の生活的素養も含めて、山本氏は、

〈俗に「断絶」といわれるものは明治にはじまっていま終ったところである。したがってここに書いたものはすべてアクチュアルだと思っている。〉

と結んでいる。

ぼくが、少なからず教えられたのは、時とともに〈文化〉というものが確実に失われてゆく、ということである。

山本氏が中心に据えたのは〈いきを育んだ花柳界百年の変遷〉であるが、ぼく流にいえば、もっと小さなことでもよい。

たとえば、ハヤカワ・ミステリ文庫のマーガレット・ミラーが三冊欠けているので、早川書房に問い合わせたところ、いまは在庫がないといわれた。おそろしいのは、その事実に、ぼくがそう大きなショックを受けなかったことである。

ぼく自身、ひとむかし前だったら、大いにこだわったところを、(そんなものだろう)と諦めてしまう。流れる、よりも、流されることに慣れてしまったのである。

21　企業小説の変貌

アーサー・ヘイリーの新作『ニュースキャスター』（ⅠⅡ、新潮社）を読んだ。名手・永井淳の訳だから、読みやすい。

〈業種別小説〉のプロのジャーナリスティックな勘は、あいかわらず冴えていて、今回のテーマは、ずばり、〈人質〉である。

山崎豊子の作品で感心するのは、どうしてこんな地味な素材を書くのかと思っているうちに、〈現実〉が追いついてきて——たとえば、『不毛地帯』であれば、ロッキード事件がおこって、作品が華やかに染められる。アーサー・ヘイリーにも、そんなところがある。

アーサー・ヘイリーの小説で、犯罪が大きくからんできたのは、『マネーチェンジャーズ』からで、あの小説では〈犯罪部分〉のほうが面白かったと記憶している。

『ニュースキャスター』は、アメリカのＣＢＡニュース社内のトラブルと、メイン・キャスターの家族三人が誘拐されるという事件をあつかっている。

山田智彦の新作『銀行頭取』（上下、講談社）を、少しまえに読んだが、この小説でも、頭取がボケたことによる社内抗争と女子行員の失踪という二つの事件をあつかい、まじめな女の子が行方不明になる〈犯罪部分〉の方に魅力があった。いわゆる〈企業小説〉が、犯罪抜きでは成立しないところに、今日の問題がある。

『ニュースキャスター』に戻るが、ここでは、メイン・キャスターの家族三人の誘拐事件の比重が（社内抗争よりも）ずっと重くなっている。

つまり、犯罪小説・冒険小説的要素が強くなっている――というより、もろ、犯罪小説といってもよい。従って、小説の内容をうっかり書けないのである。

まあ、〈安全な〉部分を書いてみよう。

人気ニュースキャスターのクロフォード・スローン。いかつい顔、白いもののまじった髪、突き出たあご、高圧的だが信頼のおける態度――と、日本にはいないタイプのキャスターだ。

もう一人は部下のリポーター、ハリー・パートリッジ。長身で手足が長く、もじゃもじゃの金髪、四十すぎて髪に白いものがまじり始めているにもかかわらず、子供っぽい。――このスケッチがすでに〈好感がもてるように〉できている。小説の後半では、この人物が主人公になる。

ハリーの元の恋人のジェシカが、クロフォードの妻。二人の間には、ピアニスト志望の息子ニッキーがいる。

誘拐されるのは、ジェシカ、ニッキーと、クロフォードの父のアンガスである。犯人側は、三人もさらうつもりはなかったのだが、成りゆきでそうなった。

小説の前半の興味は、

〈人質は、アメリカ人の人質も含めて、これを消耗品とみなすべきである。人質の家族の願いには同情をこめて耳を傾けるべきだが、政府の方針がそれに左右されてはならない〉

と発言して、喝采を浴びているクロフォード・スローンの信念にある。これはイラン・イラク戦争のときの発言であるが、現在の〈イラク人質問題〉にも通じるアクチュアリティがあり、どきりとさせられる。

ただし、アーサー・ヘイリーはそこを〈掘り下げ〉たりはしない。

ベストセラー作家にとっての興味は、〈そういう発言をしている男の家族が人質にとられたらどうなるか〉という点にあり、人間性よりも、人気キャスターがどうふるまうかという点にある。〈アメリカのベストセラー小説〉というものの在り方からみれば、アーサー・ヘイリーのやり方は正しい。

うまいな、と思ったことを、先に書いておこう。

誘拐犯人側の正体と目的を、〈ひっぱれるだけ、あとの方にひっぱっていること〉である。さすがはベストセラー作家と思わせるのはこういう部分で、ふつうは、もっと早く、正体を割ってしまう。（そうしないと、話がもたないのである。）

とはいえ、〈誘拐もの〉というのは、ミステリの一ジャンルだから、ミステリと重なる部分があるのだが、アーサー・ヘイリーのやり方は荒っぽい。

たとえば、誘拐した三人を国外に持ち出す方法だが、映画ならともかく、小説では納得しにくい。ぼくはそう思うが、おそらく、アーサー・ヘイリーの読者にはこれでよいのだろう。こうした荒っぽさも、大衆をひきつける魅力なのではないか。だいいち、これは、ミステリではなく〈アメリカのベストセラー小説〉というジャンルに属するのだ。

そう考えると、後半のヒーロー、ハリーの動かし方も、そう不自然でなくなる。これはもう、セシル・B・デミル監督の映画「大平原」でのジョエル・マクリーみたいな役柄である。むかしの恋人のために献身的な冒険をするのだが、いまどき、こういう〈タフな善玉〉を描いてしまうのが凄い。

そんなわけで、ラストはハリウッド映画の十八番だった Ride to rescue になり……このあとは書けないのだが、まあ、〈気持のよい終り方〉になる。

これは伝奇小説のりの小説なのである。

フレデリック・フォーサイスの小説が一見新しげ、実は伝奇小説であるように、『ニュースキャスター』も、（テレビ局の内幕云々をとっぱらってしまうと）伝奇小説、または古典的冒険小説なのである。

では、〈テレビ局の内幕云々〉はどうなったか？

アーサー・ヘイリーをもってしても、そこのところは、あまりうまくいっていないように思う。

テレビというものが〈視覚に訴える驚くべき直接性（A・ヘイリー）をもっているにせよ、それを文字で書くと、あまり、面白くない。ぼく自身、テレビ局を描いた作品は失敗しており（未発表）、それは、こちらの才能の乏しさによるとしても、テレビ局そのものを描いた小説（あまり例がない）、映画（「ネットワーク」「スイッチング・チャンネル」など）、いずれも面白くならない。これは、なぜだろうか？

テレビ局を描こうとしたアーサー・ヘイリーはそこに気づいた。そこで、ストーリーの重点を〈誘拐＝人質〉においたのではないか。大衆の興味を惹く道は、明らかにそちらにあるからである。

22 アメリカ版〈私小説〉への不満

ジョン・アプダイクという作家がいる。

——こういうと、いやみにきこえるかも知れないが、まったく久しぶりに『メイプル夫妻の物語』（新潮文庫）を読んで、アプダイクについて色々と考えた。

アプダイク（新潮文庫の表記ではアップダイク）は、六〇年代アメリカ文学の若い優等生であり、日常生活を描いたら天才的な作家で、ぼくと同年代の日本の作家には大きな影響をあたえた。『走れウサギ』や『農場』が、そのころの代表作だろう。

『メイプル夫妻の物語』も良いのだが、不満がある。そのことを書こうとして、カバーのうしろのリストを見たら、新潮文庫では『同じ一つのドア』『結婚しよう』と、新訳の『メイプル夫妻の物語』（Too Far To Go）の三冊しか出ていないのだ。『帰ってきたウサギ』や『カップルズ』はどうなったのだろう？

ここに及んで、アタクシは、〈アプダイク〉は日本ではもう忘れられているのだ、ということに気づいたのである。〈ジョン・アプダイクという作家がいる〉と書いたのは、そのためである。十数冊の訳本（『同じ一つのドア』は、ほかに、角川文庫と単行本でも出ていた）を積み上げて、ため息をついた。こうなると、うっかり批評もできない気がしてくる。しかし、それでは困るので、ややはり、つづけよう。

アプダイクは、きわめてわかり易い作家で、アメリカの六、七、八〇年代を語るときに、この作家の描いた世界は逃すことができない。

アメリカの中流家庭の生活を〈ハイファイのように再現する〉と、かつて、日本でも高く評価された。

私小説的、というのも、なじみ易い理由である。『農場』がショッキングだったのは、ガンコな母と我の強い嫁の対立にはさまれた〈ぼく〉の悩みがひとごとではなかったからにほかならない。死んだ柏原兵三ほか、数人が身につまされた。ぼくもその一人で、いまだにアプダイクの代表作は『農場』だと信じている。

さて、『メイプル夫妻の物語』だ。

アプダイクは一九五三年に結婚し、二人の娘と二人の息子がいる。大変な早婚で、七四年に別居、七六年に離婚している。

（二番目の夫人とのいきさつを描いたのが『結婚しよう』〈七六年〉で、七七年に再婚を発表したという。）

五三年から七六年までの結婚生活は、早くから短篇として書かれ、離婚にいたる部分は（あたりまえの話だが）離婚後に書かれ、七九年に一冊にまとめられた。こうして、結婚から離婚までが一冊で読めるわけである。

こういう連作は、日本ではフツーのことで、島尾敏雄の『死の棘』が良い例だ。『死の棘』は（大きく分けて）私小説に属するわけだが、『メイプル夫妻の物語』はどうか？


たてまえとしては、作者のアプダイクとリチャード・メイプルは別人ということになるが、日本的にいえば、これは〈私小説〉である。

〈私小説〉だろうとなんだろうと、『農場』（六五年）は、嫁と姑について不変の真理を示しているからすばらしい。つまり、不変の真理を示したとたんに、〈私小説〉なんてことは消えてしまう。『死の棘』だって、そういう作品でしょう？


リチャード・メイプル氏の場合はどうか？

ぼくは、中年以降のこの人物が、なにを考えているのか、よくわからなかった。

はっきりいえば、ブキミである。

メイプル氏には愛人がおり、夫人にも恋人がいる状態になる。

背後には、アメリカの性革命があり、その結果生じた事態を正面から描いたのが、『カップルズ』（六八年）であった。町の中がめちゃくちゃ、姦通ばかりという世界である。

ソッチのほうは『カップルズ』で描いたからいい、というのでは困る。メイプル夫妻の離婚の原因は〈セックスの不一致〉だと語られているが、どう不一致なのかを書いてくれないと困る。

メイプル氏は妙にものわかりがよく、受け身で、妻の姿に欲情したりもするのだが、これは『農場』のころの〈ぼく〉とまったく変らぬ姿勢なのである。

主人公がどう見ても〈いい人〉というのは困るので、もし、こういう〈受け身専門〉の男が身近にいたら、かなり、イヤだと思う。若いときはいいかも知れないが、三十五すぎて、これではブキミである。

だから、離婚を子供に告げる痛ましいシーンも、メイプル氏の甘え（泣いたりするのだが、泣き方がよくない）が目立って、どうもよろしくない。

「女性自身」一九九〇年十一月二十七日号に、〈離婚した女優石田えりの告白〉が出ていて――「週刊文春」からの孫引きですが――、

「酔って帰ったら（ダンナと）セックスしなくてすむと思った」

とか、

「ダンナとそういう雰囲気になったときは、掃除を始めたりして、夜中なのに二時間も三時間もかけてやるの」

とか、ソーゼツなことが書いてある。〈セックスしようとせがむ夫がうとましくな〉ると、こうもなるのか。

〈優等生〉である作家に「本当のことを言ったらどうですか?」と迫るのは、酷かも知れない。アプダイクは、やはり、〈六〇年代の天才〉だったのかも知れないし、アメリカ流の短篇の連作という形式が、〈核心に触れる〉ことを拒むのかも知れない。『カップルズ』を読みなおしていないので、断定的なことはいえないのだが。

この文章を書くために、作品リストを作ってみて、八〇年ごろまでのアプダイクの長短篇の大半を読んでいるのに気づいた。(『クーデタ』だけは毛色がちがうので読んでいないのだが。) 原書で読んだのもある。

かなり熱心な読者だったのだが、十年間ほどゴブサタをした。こっちが忙しかったせいもあるが、アメリカ小説への興味が少しずつ失せてきたのだろう。

それにしても、あのアプダイクの初訳ものがいきなり文庫版で出たのは、ぼくにとって、けっこう、ショックであった。

23　二つの監禁物語

　スティーヴン・キングの『呪われた町』を読んだときの興奮といったら、なかった。あれに匹敵する読書といったら、『富士に立つ影』その他、いくらもない。たてつづけに訳された『シャイニング』もよかった。後半にしびれた。（映画版はラストのオチのひどさに呆れた。キューブリックは〈物語の結末〉というものがまるで分っていない。）

『呪われた町』も『シャイニング』も、発端はやや単調、しだいに調子を上げてくる。ぼくにとって理想の小説である。

　そういう作風かと思っていたら『クージョ』が訳された。これは狂犬が人間に襲いかかる〈B級アクション〉風の小説で、どうも上等ではない。映画化のために書かれたような印象を受けた。

　ぼくの好みは、前半のさりげない伏線が後半で効いてくるタイプで、『ファイアスターター』も、この系列に入れていいだろう。（未訳の“IT”が、同系列らしいので、たのしみにしている。）

で、今回は『ミザリー』である。映画化されたものの試写も始まっているらしいが、忙しいので観ていない。

『ミザリー』は、『クージョ』タイプの小説である。〈五〇年代B級異常心理映画〉風で、どこか品が悪い。『スタンド・バイ・ミー』のロブ・ライナーによって映画化されたが、どういう映画か、見当がつく気がする。

雪道のスリップ事故で動けなくなった大衆作家のポール・シェルダンが気がついてみると、アニーという女に介抱されていた。アニーはシェルダンの熱狂的な読者だった――という発端は、そう驚くものではない。しかし、〈ミザリー〉が苦痛のみを意味するものでなく、ポール・シェルダンの作中人物の名前であることがわかってくるところなどは、憎いほどうまい。

ポールは〈フォークナー風の純文学〉を書きあげているが、その原稿コピーはアニーによって焼きすてさせられる。大ベストセラー〈ミザリー〉四部作は完結し、ポールは〈ミザリー〉におさらばして、せいせいしているのだが、狂ったアニーは〈ミザリー〉を書きつづけろ、とポールに強制する。

〈狂った愛読者〉――これが『ミザリー』の狙いである。『クージョ』がそうであったといわれるように、これも、キングの体験から出たことだろう。いつまでも『呪われた町』や『シャイニング』を期待するぼくなども、キングにとっては〈迷惑な読者〉なのだろうか。

狂っているばかりか、アニーはもと看護婦の殺人狂であった。

ポールは仕方なく、〈ミザリー〉のつづきを書き始める。小説〈ミザリーの生還〉が、小説の中に挿入される。

チンプなメタフィクションのパロディというよりは、こういった趣向も、エンタテインメントにとり入れてしまうキングの貪欲さに感心する。胃袋の力がまるでちがうのだ。(近年のブロードウェイ・ミュージカルで、推理作家とその作中人物(探偵)がからみ合うのもあった。ビデオでラストシーンだけみたが、たしか、「シティ・オブ・エンジェルズ」というのだった。メタフィクション的趣向を、アメリカのエンタテインメントはどんどんとり入れている。もはや、メタフィクションは前衛ではないのだ。)

『ミザリー』はざっとこんな話で、結末は想像がつく。(しかし、二転三転する結末は、実にうまいものである。)

ぼくが感心したのは、短篇か中篇にしかならないネタで、こういう長篇をでっちあげてしまうキングの体力、筆力である。ひょっとしたら、これは、じっさいに小説を書いている人間にしかわからない感覚かも知れない。『ミザリー』における想像力が〈凡庸〉などと言っても仕方がない。できあがった小説は、やたらにたくましい。ぼくの好む路線ではないにせよ、たくましいことは認めざるをえない。筆力というよりも、腕力というべきか。

結末まで読むと、人名としてのミザリーが、やはり、〈苦痛〉を意味していたことがわかる。『ミザリー』は、監禁にともなう肉体的苦痛の小説である。

読み終えて、眠ったあと、長い悪夢を見た。

夢からさめたぼくは、もっとやりきれなく、こっけいな監禁物語を読んでいたのに気づいた。

小説の題名は“A Handful of Dust”。

イヴリン・ウォーの一九三四年の作品で、邦訳では『ラースト夫人』(新潮社)。一九五四年の訳だが、ぼくが古本屋で入手したのは一九六五年だった。

この小説も、近年、映画化され、輸入公開されたらしいが、ぼくは(これまた多忙で)観ていない。

小説はひとことでいえない構成をもっているので、要約ができないが、善良なトニー・ラーストという男が妻を寝とられて旅に出た——と思って欲しい。

〈善良な〉といっても、イヴリン・ウォーの作中人物だから、〈たんなるバカ〉かも知れないし、とにかく、〈第六章　トッド家の方へ〉が始まる。

マルセル・プルーストの大長篇の中の巻のタイトルのもじりである〈トッド家の方へ〉は、それじたい、独立した恐怖小説としても読める。(むかし、「ヒッチコック劇場」でこの部分だけをやったときいた。)

アマゾン地方に旅に出たトニーは奥地で熱病にかかる。

そこに現れるのが白人と黒人の混血児トッドで、キニーネでトニーを直してくれる。

そこまではいいのだが、トッドは、文字を知らないのに、なぜかディケンズが大好きで、ある黒人に毎日ディケンズを二時間ずつ読ませていたが、黒人は死んでしまった。トニーがきたのを幸い、（トニーが絶対にこの土地から出られないような監禁状態を作り）トニーにディケンズの長篇を次々に読ませる。白人がトニーを救いにきても、だまして、追いかえしてしまう。そして、とどめのこの台詞――

「もう一度、『リトル・ドリット』を読んでくださいよ。あの本には必ず泣きたくなるところがあるんです」

『ミザリー』とどっちが残酷か、考えてみて欲しい。

24　戦争と小説

戦争だ、戦争だ、と、〈初めて戦争を見た〉人たちが叫んでいる。

〈茶の間で見られる戦争〉だともいう。

これは半分は本当で、半分は嘘である。

テレビには〈昔の戦争映画で観たような風景〉しかうつっていない。

ワード・ボンドかディーン・ジャガーが演じたようなユーモラスな司令官の解説――こんなものはファースである。そこにうつし出される〈ゲーム・センター風の爆撃〉は、命中したビデオだけがリプレイされている。いったい、どこがハイテク戦争なのか。〈ハイテク戦争〉というキーワードは、たぶん、まやかしである。敵味方（多国籍軍にとっての）の死体や破壊を映像にしないための。

そして、バグダッドから送り出されるCNNの映像にも、死体はほとんどない。建物の破壊があるばかりで、この映像はもちろん〈検閲ずみ〉である。

つまり、湾岸戦争について、ぼくたちは、目かくしをされているに等しい。唯一、リアルなのは、米軍の戦車が味方の対戦車ミサイルに撃たれた、というこっけいな事実である。米兵七名死亡。

ベトナム、朝鮮、とさかのぼって、太平洋戦争にたどりつく。

開戦後半年は、日本はリアルな映像をもっていて、まだテレビのない時代だが、ニュース映画館で観られた。

パール・ハーバーはもちろん、香港攻撃もマレー半島南下も、すべて映画で観た。ドキュメント映画「轟沈」では、アメリカの船が魚雷をくらって海面下に消えるまでをじっくりと観た。

戦争に負けたあとで、アメリカ側のフィルムをうんざりするほど観せられた。たとえば、サイパン島の崖から子供をかかえて海にとび込む日本の女たち。

中でも、戦慄させられたのは、日本の都市や工場の〈ポイント〉を狙って丹念に爆撃してゆく米機内からうつした映像であった。その正確さたるや、ハイテク兵器など問題にならない。一つ一つ、爆発し、燃えあがるのが、克明に記録されていた。

湾岸戦争において、なぜか使われない言葉――〈帝国主義戦争〉。

こうした近代戦を最初に小説にしたのは、ノーマン・メイラーだ。

おどろいたことに、あのメイラーって、ぼくより十しか歳上でないのだ。（たったいま、知った。）

イギリス系ユダヤ人の子供。日本軍のパール・ハーバー攻撃のときは十代後半で、もう〈偉大な戦争小説〉を書こうと決意し、〈アメリカの一小隊《プラトーン》の空しい全滅をフラッシュバックで描く〉小説を書き上げていた。

ドス・パソスの『U・S・A』を愛読したメイラーは、映画におけるフラッシュバックを小説にとり入れることを早くから考えており、一九四四年から太平洋戦争に従軍。軍隊に二年余りいた。日本占領の第一日には千葉の館山に上陸し、日本には九カ月もいた。一九四六年の五月に除隊。

帰国したメイラーはすぐに『裸者と死者』にとりかかり、大作を十五カ月で書き上げた。出版は一九四八年で、大反響をまきおこし、日本での出版も、非常に早かった。二十五歳の天才の出現である。

(メイラーは〈若くして燃えつきた天才〉で、このあとは、五五年の『鹿の園』のほかには大した小説はない。)

『裸者と死者』の新しさは、いまとなっては古くなった訳文を通してさえも、明らかである。

(いまはなき改造社版のままの訳なのだ。〈おまんこ〉という言葉のため、一時的発禁になったと記憶する。ぼくの手元にあるのは、上下二巻の新潮文庫版〈絶版〉で、読むのに苦労する。新訳で出版されれば、いまでも充分に読まれるはずだ。)

ぼくの小説観とは反するのだが、この小説には筋らしい筋がない。

アメリカ兵の一団がアノポペイ島に上陸し、たてこもっている日本兵を掃討《そうとう》するまで、というのが小説の時間的枠組みである。ちなみに、アノポペイ島とは架空の島で、あちこちの島を転戦したメイラーの体験によって創られた。第二次大戦を描いたもう一つの戦争文学の傑作『キャッチ－22』のピアノーサ島と同じである。（もう一つつけ加えると、ベトナム戦争を描いた小説では、リアリズムの『裸者と死者』、グロテスク・ユーモアの『キャッチ－22』の二方向を超えたものは出ていない。）

以下、この小説の〈新しさ〉を箇条書きにする。

1　主人公がいない。（人物を〈集団〉としてとらえる。）

2　絶対的権力者カミングス将軍は、この対日戦争を〈帝国主義〉と認識している。

3　カミングスの道具のクロフト軍曹は、暴力的で、支配欲の権化である。

4　部下たちはクロフトを憎悪し、人間性がおかしくなっている。（↕ベトナム戦争小説の先駆。）

5　兵士たちの過去は〈ザ・タイム・マシン〉という名のフラッシュバック手法で描かれる。

6　主な人物たちが挫折し、凡庸な人物が成功する皮肉な結末。

これらのほかに、〈ミュート・コーラス〉と称する〈登場人物のひとこと発言コーナー〉とか、さまざまな手法が使われている。

たとえば、第一次大戦を描いたレマルクの『西部戦線異状なし』のヒューマニズムにくらべると、『裸者と死者』の世界が、よくも悪くも〈超えている〉ことがわかるだろう。そして、この世界は一九九一年にサウジの砂漠にいるアメリカ兵たちと直結している。

『裸者と死者』は〈核兵器使用後の戦争小説〉第一号として、忘れ去られてよいものではなく、過去の作品でもない。改訳されれば、その凄さが再確認されるはずである。

25　二人のチャタレイ夫人

今月、心にしみた言葉。

バグダッドのシェルターが直撃されて、民間人数百人が死んだと聞いても、大した数ではない、三月十日（注・東京の下町大空襲）は十万人が死んだではないか、と思つてしまふ。（高井有一＝「文學界」一九九一年四月号）

いってしまえばミもフタもないけれども、作家のことは作家にしかわからないということになる。（筒井康隆＝「新潮」一九九一年四月号）

というわけで、右の二つの言葉に触れた感想を書くつもりだったが、急に気が変った。ある女優のピュービック・ヘアがうつっている写真集がベストセラーの一位で大さわぎ、という情ない話を耳にしたからだ。

湾岸戦争への対応とか、こういう現象をみると、日本人であることが、ほんとうに恥ずかしくなる。

おことわりしておけば、ぼくはポルノグラフィはすべて解禁してしまえ、という考えの持ち主である。(もう一つの話題の、子供向けマンガの性描写については、現物をみていないので、判断を留保する。) 解禁してしまえば、数年で〈ポルノ産業〉は消滅する。芸術もワイセツもない。どちらも商品にすぎないからだ。

だいたい、写真（とくに輸入アートもの）は、ヘアがあるのが、いま、ふつうである。ところが、小説——とくに一度、有罪になったものはそうはいかない。

永井荷風作と伝えられる『四畳半襖《ふすま》の下張《したばり》』をうっかりのせた雑誌が裁かれたのは、そう古い話ではない。

そして、なんといっても、『チャタレイ夫人の恋人』である。D・H・ロレンスの名作は、戦前からカット版が出ていたはずで、戦後、一九五〇年に、伊藤整が完訳本を小山書店から出した。本はベストセラーになり、同年、発禁になる。伊藤整と小山社長は〈わいせつ文書頒布容疑〉で起訴された。

それからの伊藤整の長い戦いは、ノンフィクション『裁判』にまとめられている。いま手元に本がないのだが、文壇対警視庁といった戦いに発展した。当時の文壇は、ヤボったいまでにマジメだったのだ。

『チャタレイ夫人の恋人』は、ロレンスと人妻フリーダ（のちにロレンスの妻となる）

の関係を投影したとおぼしい作品である。もっとも、フリーダは谷崎松子のような存在で、ロレンスの他の作品にも影を投げかけている。

第一次大戦で下半身不随になったクリフォード・チャタレイ、その妻のチャタレイ夫人、下層階級出身の森番メラーズ、とならべると、小説の展開がわかってしまうかも知れないが、この小説は現代文明、階級制度といったさまざまな問題を抱えていて、それらに対比されるのが〈肉体〉である。

日本で発禁になったのは、主として、チャタレイ夫人とメラーズの性描写である。この文章を書くために、伊藤整訳を読みかえしてみたが、いささか古めかしいとはいえ、堂々たるもので、〈わいせつ〉とはほど遠い。

いま、そこらの書店に入ると、「未亡人××」とか「××犯す!」といった文庫版ポルノが出ているし、完全なポルノ小説も(高い値段で)売られている。それらにくらべれば、『チャタレイ夫人の恋人』の性描写は〈わいせつ〉度において、ものの数ではない。

ではなぜ、『チャタレイ夫人の恋人』(完全版ですよ)が再発売されないのか? 出版したとたんに〈昔の判決〉が生きてくる。小山書店はつぶれてしまったはずで、だれしも、そんな面倒はさけたいに決っているから、手を出さない。

「なさけない」

と、ぼくは知り合いの女性編集者にボヤいた。十数年まえのことだ。

「あれっ」

相手は変な顔をして、

「さいきん、完訳が出てますよ」

と言った。

「そんなことはない。発禁になるもの」

「でも、出てます。〈完訳〉とうたって、なければいいのです」

教えられた某社の世界文学全集のロレンスの巻（現在は入手不可能）を買ってきて、おどろいた。完訳なのである。

完訳は完訳だけど、なんだか、冗談みたいな訳でもあった。

たとえば、伊藤整訳で、

「可愛い子だ、可愛い子だ！」と彼は寄り添ふやうに彼女の暖い腹部に突然顔を擦りつけて言つた。

という部分が、

「ああ、かわゆい、かわゆい」と森番は、とつぜんすがりつくような動きでコニーのあたたかいおなかに顔をすりつけながら、いった。

となっている。森番は（階級的にみて）下品な言葉をつかうのだが、それはこんな風に訳されている。

「ああたはそういうが、ひでえことなんかねえよ。ああたにゃひでえことなんかできねえさ。……」（傍点・小林）

おまえは、八代目桂文楽か。

冗談はさておき（といっても、この訳はモンダイです）、〈完訳とうたわなければ許す〉という役人の態度は、〈時代の変化によって、もはや、「チャタレイ夫人」をとりしまるのはムリがある〉＋〈しかし、昔の判決をとり消すわけにはいかない〉という矛盾を実に陰湿な形で表明している。

法律を変えない限り、名作『チャタレイ夫人の恋人』はずっと日陰の身というわけである。

なさけない、恥ずかしい、というのはこれである。しかも、もっと〈過激な〉翻訳小説はどんどん出版されている。

日本の文化が衰亡しつつあるのは（映画界をみよ！）、構造的なものなのだ、と、つくづく思う。ぼくがひとりで怒ったところで、どうしようもない。

26　スピレインの過去

ミッキー・スピレインの『殺す男』がハヤカワ・ミステリ（いまではポケット・ミステリといわないのを初めて知った）で出たので、すぐに買ってきた。スピレインは、ブランド・ネームなのである。

そもそも、ハヤカワ・ミステリの第一巻目がスピレインなのだ。作品名は「大いなる殺人」。

スピレインの初期の作品は、

日本出版協同（一九五三年）

潮書房（一九五六年）

三笠書房（一九五九年）

と、三度出て、のちに、当時のハヤカワ・ポケット・ミステリに入った。それほどの人気だったのである。

そして、今度の『殺す男』は、〈19年ぶり……マイク・ハマーが甦る！〉というコピーである。買わざるをえない。

ミッキー・スピレインの最初の邦訳の出た年は、まさに、アメリカでもスピレイン・ブームのさなかだった。

名作ミュージカル映画「バンド・ワゴン」（MGM）の中には、スピレイン・ハードボイルドのパロディのナンバーがあり、アステアのマイク・ハマー風の台詞が笑わせた。これが一九五三年。

ブームはこの程度にとどまらず、「恐怖のサーカス」という映画（WB・一九五四年）では、なんと、スピレインが彼自身の役で主演し、探偵を演じた。ひどく柄の悪い男だった。（原作はスピレインではない。）とにかく、それほどの人気だったのである。

〈ここ何日か、マンハッタンの上に低く垂れこめた雲は、目に見えない巨大なペンチのようにじわじわと街を絞め上げ、息苦しいといってもいいような感じだった。〉

という『殺す男』の発端は、いかにも通俗ハードボイルドらしくてよい。

おっと、うっかり、〈ハードボイルド〉と書いてしまったが、これは〈タフガイ・ノヴェル〉なのだ。

〈タフガイ・ノヴェル〉というジャンルを強調したのは各務《かがみ》三郎氏であり、なるほど、このジャンル分けをもってくると、スピレインや大藪春彦はぴったりはまる。（ちなみに、ぼくは大藪ファンで、『暴力列島』を高く評価している。暴力描写では、スピレインの及ぶところではない。）

私立探偵マイク・ハマーがオフィスに入ると、秘書のヴェルダは半死半生、知らない男が指先を切断されて死んでいる。かっとなったマイク・ハマーは〈復讐〉のために立ち上る。

マイク・ハマー、ヴェルダ、パット・チェンバーズ警部と、昔々の役者がそろっている。マイク・ハマーの第一作『裁くのは俺だ』がアメリカで出版されたのが一九四七年だから、もう四十数年たつわけだ。

しかるに、ハマーやヴェルダは全く、としをとっていないのである。

本格物の探偵ならともかく、ハードボイルドの探偵は作品ごとにとしをとってゆく、という近年の風潮にならされているぼくは、大いにとまどった。

〈ベトナム帰り〉やら〈第三世界の核兵器所有〉が出てくるのだから、これは現代の物語であろう。

ところが、ヴェルダは、ハマーに向って、

「いい奥さんになれそうね、マイク」

などというのだ。

フッーに計算すると、ヴェルダは六十を過ぎているはずだ。

むろん、こうした年齢計算は野暮である。鞍馬天狗から銭形平次まで、ヒーローはとしをとらないにきまっている。ミス・マープルの場合は、ゆっくりとしをとっていったように記憶する。

だが、マイク・ハマーは〈朝鮮戦争＝赤狩り〉のイメージが強烈すぎる。

スピレインの代表作は『寂しい夜の出来事』（一九五一年）だとぼくは思っている。全裸のヴェルダが宙に吊るされており、思想よりも〈復讐〉のために、ハマーがトミー・ガンで〈クレムリンの手先ども〉を殺すシーンには、タフガイ・ノヴェルの美学がある。〈反共小説〉とか〈ハードボイルドとはいえない〉といった批判は見当ちがいである。

しかし、『殺す男』は一九八九年の作品である。「いい奥さんになれそうね、マイク」「いうなといっただろう」といった会話は、一九五〇年代にこそふさわしい。いかにタフガイ・ノヴェルといえども、もう少しなんとかならないものか。

『殺す男』に、ぼくがおぼえた不満はプロットに対してではない。

プロットといえば、スピレインの小説のプロットはそう変化がないので、そっちはどうでもよい。

〈性と暴力の作家〉といわれたスピレインだが、〈性〉の方はもともと大したことがなかった。昔から、ぼくはそう思っていた。

問題は〈暴力〉である。タフガイ・ノヴェルのわりに、暴力描写が弱い。読んでいて、痛い感じがしてこない。

「ニューズ・ウィーク」誌一九九一年四月十一日号は、〈アメリカン・バイオレンス〉のタイトルで、暴力と性犯罪がエンタテインメント界をおおっていることに警告を発している。そこに出てくるのはブレット・イーストン・エリスの『アメリカン・サイコ』

であり、ポール・セローやジェームズ・エルロイといった作家名である。

かつてのスピレインは、こうした記事に、必ず名をつらねていた。『寂しい夜の出来事』だって、暴力描写の上に〈病的な〉という形容がついたのである。

現在、初めて『寂しい夜の出来事』を読む人は、その〈おとなしさ〉に呆れるのではないか。囂々《ごうごう》たる批難を浴びた石原慎太郎の『太陽の季節』が〈なんでもない〉〈おとなしすぎる〉と若い人に感じられるのと同じことである。『殺す男』でも、指の切断を提示しておきながら、そのあとが、おとなしすぎる。

それでも、『殺す男』は売れるのではないか。スピレインというブランドは、それほど大きいのである。げんに、ぼくは、読んでしまって、ぶつぶつ言っている。

27　英日疎開事情

一般性があるかどうかはともかく、ロバート・バーナードの『暗い夜の記憶』（現代教養文庫）は、ぼくにとって、きわめて魅力的な場面で始まる。

一九四一年、ロンドンからの疎開児童たちをのせた列車がイーズドン駅に入るところで始まる。

イギリスでは、一九四一年に、もう、こういうことをやっていたのか、というのが、ぼくの軽いおどろきであった。

スターリングラードの少年たちが両親と別れて、田舎に疎開していったのは、年表で見ると、一九四二年だ。この年の八月、ドイツ軍はスターリングラードを攻撃する。

日本での学童疎開は一九四四年に入ってから、ようやく、おこなわれた。

さて——ロンドンからの列車がイーズドン駅に入った。

ここで面白いのは、イギリスでの学童疎開が〈里親〉システムであることだ。

ロンドンでは、すでにドイツ軍機による空襲が始まっている。そこで〈疎開〉になったわけだが、日本の〈学童疎開〉（これも〈集団疎開〉と〈縁故疎開〉の二つがあった）

とは、かなり様子がちがう。

田舎にくるまでは、日本の〈集団疎開〉に近いのだが、そこからあとが、いかにもこの国らしい個人主義的なものになる。つまり、すでに割りふりができていて、子供たちは、村のA氏宅、B夫妻宅という風に、一人ずつ、臨時の里親に引きとられてゆくのだ。そんな風に、次々と引きとられていったあとに、一人の少年が残る。五、六歳の〈物思わしげで控えめ〉な少年である。名前はサイモン・ソーン。

少年の名前は名簿にはない。疎開児童が一人ふえてしまったのだ。この発端はミステリの滑り出しとして充分に魅力的である。

読み終えてからの感想をいえば、故植草甚一さんの好みだな、というものであった。おことわりしておくが、この小説はミステリとしてよくできている。ミステリより社会小説の味が濃いかも知れない。第二次大戦下のイギリス、ことにロンドンの生活が描けている。

サイモン・ソーンは成長し、自分の過去を探し始めるのだが、そのプロセスもうまい。ただし、これ以上書くと、小説のネタを割ってしまう。訳書が出版されたばかりで、こいつはまずいだろう。

それにしても、発端の不可能興味に惹かれるのは、ぼくが〈集団疎開〉〈縁故疎開〉(〈個人疎開〉ともいう)の二つを経験しているからではないか、という気がしているのだ。現実にこんなことはあり得ないのだが、しかし(絶対にないか?)と問いただされると、考えてしまう。面白い発端を考えたものだと感心してしまうのだ。

こんな風に、一つ面白い場面があれば、あとは少しぐらい出来が悪くてもよい、というのが、植草甚一さんの推理小説観であった。東京創元社から出た黄色い〈現代推理小説全集〉と〈クライム・クラブ〉という二つのシリーズはそうした植草さんの好みのあらわれであって、とてつもなく面白いものと一般読者にはさっぱりというのが混っていて、おそらくは売れなかったのだろう。東京創元社と仲が悪くなったあとの植草さんに、江戸川乱歩が〈別冊宝石〉の作品選定をたのんだのだが、その好みには一般性がなかった。

植草さんが『暗い夜の記憶』を読んだとすれば、

「出だしで唸ったものだ」

と書いたのではないかと思う。

ロバート・バーナードの作品を読むのは初めてだが、まったくの想像や資料で書いたのではあるまいという気がした。

作者は一九三六年にイギリスに生れたとある。計算するまでもなく、サイモン・ソーンとほぼ同じ歳である。疎開を体験したかどうかは別として、時代は体験しているわけだ。だからこそ、イギリスの恥部ともいうべき部分に触れた作品ができたのだろう。

事件の背景の風潮を割れない以上、『暗い夜の記憶』について、つっこんで書くことは不可能である。（それにしても、〈疎開〉という古い素材を生かした技術は学ぶべきだろう。）

その代りに、日本の、といっても、東京の〈集団疎開〉について、どんな本にも出ていないことを記しておく。

学童の集団疎開先は、区ごとにちがっていた。ここにその一覧表を示そう。（区名は、現在とはちがう。戦時中のもの。）

品川区→西多摩・南多摩
赤坂区→北多摩・南多摩
本所区→千葉県（のちに岩手県に再疎開）
神田区・日本橋区・京橋区→埼玉県
淀橋区→茨城県
港区・牛込区→栃木県
滝野川区・王子区・板橋区→群馬県
荒川区・下谷区・中野区・豊島区→福島県
小石川区・本郷区・浅草区・杉並区→宮城県
江戸川区・城東区・豊島区→山形県
蒲田区→秋田県
葛飾区・深川区・向島区→新潟県

杉並区・世田谷区・足立区・豊島区──→長野県
目黒区・麴町区・四谷区──→山梨県
大森区・渋谷区・荏原区──→静岡県（のちに富山・岩手・青森に再疎開）

これらは、かつて、〈集団疎開〉を指導した老人に書いてもらったもので、原稿はぼくの手元にある。

しかし、書きうつしていて、おかしなことに気づいた。〈港区〉の児童が栃木県へ行ったことになっているが、当時は〈港区〉という区名は存在していない。これは〈芝区〉のまちがいだろう。（書いた人が、うっかりしてしまったらしい。）

また、一つの区が数度出てくるのも、気になる。

そういう疑問点はあるが、かつて、ぼくが調べた範囲内で、こういう風に具体的なリストはなかったし、その後もない。戦争中の新聞には部分的にしか出ていないし、この件に関しては文献といったものもないのである。

28　作者と作中人物の奇妙な関係

ひところ、メタフィクションという文芸用語が流行した。

それらの中でも、もっともありふれたパターンは、小説の中に出てくる作家が小説を書いていて、つまりは、作家と小説（および作中人物）との関係を描くものである。

この方法は、むかし、フラン・オブライエンが使ったころには実に面白く、そういう小説を書いてみたいと思わせた。やがて、猫もシャクシもという感じで流行し、方法がパターン化してしまった。


個人的な悩み（なんなら〈芸術的悩み〉といってもいいのだが）を抱えて、ニューヨークへ行った。

〈悩み〉を解決するためには、頭をカラッポにした方がよいわけで、五月なのに連日三十度を越す街を歩きまわった。

そんな中で、ぶつかったのが、ミュージカル「シティ・オブ・エンジェルズ」である。

なんと、このミュージカルは、メタフィクション的趣向を用い、知的エンタテインメントとして、みごとに成功していた。

二十世紀の作家たちが苦労を重ねて開拓してきた小説の一方法を、あっさりと舞台化してしまったことに、まず、あっけにとられた。しかも、みごとなエンタテインメント、たのしい作品として結実しているのは、おみごとというほかない。

もっともらしくいえば、〈メタミュージカル〉というのかも知れないが、そんなアホらしい言葉を口にできないほど、作品は完成されている。

ぼくは考えた。〈作家が作品をつくる話〉というのは、活字よりも、むしろ、視聴覚の世界に向いているのかも知れない、と。そういえば、二人のシナリオライターが喧嘩するうちに映画の内容が変ってしまう「アンリエットの巴里祭」（一九五二年）、および、そのリメークの「パリで一緒に」（六四年）という映画もあったっけ。


「シティ・オブ・エンジェルズ」とは、ロサンゼルスのことである。

このミュージカルは、まずなによりも、一九四〇年代のハリウッドの犯罪映画へのオマージュである。ジョン・ガーフィールドやハンフリー・ボガートが殴られ、ローレン・バコールやヴェロニカ・レークがベッドによこたわって煙草を吸っていた時代への一大讃歌であり、同時にそれらの世界の上質なパロディである。

西日のさす探偵事務所、退屈している女秘書、仕事のない探偵、ナゾの依頼人という発端からして、涙ものである。〈場所はロサンゼルス、時は一九四〇年代後半〉とプログラムにも指定してある。

さて——。

凡庸な作者であれば、〈ハリウッド・フィルム・ノワール〉のパロディまたはパスティッシュをつくりあげて、満足してしまったことだろう。

ところが、この作者（ラリー・ゲルハート）は、TV・ミュージカル・映画の脚本のベテランだけあって、ひと筋なわでいかない構成を考えた。

マスター・ピクチャーズという巨大な映画会社にシナリオライターとしてやとわれたスタインという作家がそれである。スタジオのボスのとてつもない指令によって、スタインはハードボイルド映画のシナリオ執筆に苦戦している。

その作中の私立探偵がストーンである。（Stone と Stine は、アルファベットを用いれば、o と i の一字ちがいでしかない。つまり、二人はヘソの緒のつながった存在であり、双生児といってもよい。）

舞台は、通俗的なシナリオ執筆に苦しむスタインとその妻、撮影所のボス、グラマラスな女秘書がからむ〈ハリウッド〉と、ストーンが活躍する〈映画〉が、交互にあらわれ、ときには交錯する。

たとえば、舞台の上手《かみて》（右）でストーンと女秘書が近づこうとしているとき、下手《しもて》（左）の闇の中でスタインがタイプライターを叩いている。

タイプの音がつづいているときはよいのだが、音がとまると、上手の二人は静止する。

さらに、スタインがタイプの紙を出して破きすてると、上手の二人は〈フィルムの逆回転のように〉離れて、元の位置に戻る。

これは一例だが、こうした〈作者と作中人物〉の関係がつづくうちに、ストーンはスタインに文句をつけるようになり、第一幕の終りは、敵対した二人のデュエット（"You're Nothing Without Me"）で終る。

こうしたことは、どう考えても小説ではできない。

また、この舞台には、小説では不可能なことが数々あって、たとえば、〈ハリウッド＝作家の世界〉ではAという女が〈映画＝作中の世界〉ではBという女として現れる。同じ女優が演じるのだから、一瞬のうちに、AからBへ、BからAへ移りかわるのも可能である。（いうまでもなく、こんなことは小説ではできない。また、映画でもできない。映画は、どんなトリック撮影でもできるがゆえに、かえって、不便なのである。）

まして――。

第二幕の終り（フィナーレ）では、私立探偵ストーンがタイプを叩いて、スタインを助けてやる。二人の役割が入れかわってしまうのだが、これも（活字ではできないことはないが）舞台ならではの効果で、二人が"I'm Nothing Without You"をうたいあげて終る。

実は、この舞台には、もっと面白い工夫があるのだが、テーマを逸脱してしまうので、書かないことにする。（もっとも、書いたところで、読者に通じないだろう。文章で表現できないオドロキなのである。）

ところで、「シティ・オブ・エンジェルズ」を観て、ぼくは大いに元気づけられた。たしかに、こうした〈実験〉は小説ではできない。しかし、さらに、いくつかのミュージカル(「ウイル・ロジャース・フォーリーズ」など)を観ることによって、〈小説でしかできないこと〉がオボロゲながら(あるいははっきりと)見えたきたのである。そう、〈小説でしか表現できない世界〉がたしかに存在するのだ。

それを会得するために、ぼくは三十何度の暑い街を歩きまわり、妙な黒人におどかされたりする旅をしたのである。

29　毒が魅力のハイスミス

パトリシア・ハイスミス——というと、あ、ヒッチコックの「見知らぬ乗客」の原作者ね、という声がかえってくる。

どうやらアメリカでもその程度の扱いらしく、冷遇というよりも、無視されているらしい。河出文庫で出たばかりの『妻を殺したかった男』（一九五四年）の巻末の解説には、そこらの事情がくわしく書いてある。

ハイスミスは、ルース・レンデルの先輩格の作家で、天才的なクライム・ノヴェル作者だ。ぼくも作家だから、〈天才的〉などという言葉を軽々しくは使わないが、ハイスミスは天才ですね。一作一作、アイデアがちがうのがすばらしい。

長篇に限っていえば、角川文庫で『見知らぬ乗客』『太陽がいっぱい』『贋作』が出ていて——入手可能かどうかは不明——、すべて、傑作である。

創元推理文庫で『殺意の迷宮』と『殺人者の烙印』が出ている。講談社文庫では『プードルの身代金』が出ていて、じつに後味がわるく（——これがケナしているのでないことは後で述べる）、まさにハイスミス調である。

あと一冊、モンダイがあって、筑摩書房から『変身の恐怖』が、かつて出ていた。いつか、コピーを読ませてもらったのだが、ぼくには作品の判定ができなかった。河出文庫は、これから、ハイスミス作品を続々と出すらしいが、『変身の恐怖』もミステリの専門家に鑑定してもらったほうがよい気がする。

ハイスミスは一九二一年生れ。処女作がヒッチコックによって映画化されたために、〈サスペンス作家〉の肩書がついてしまった。〈ふつうの作家〉になるつもりだったハイスミスは、ずいぶん、いやだったらしい。

そこで、別なペンネームでレズビアンの恋愛小説を書き、ペーパーバックで〈百万近〉く売れたという。

『見知らぬ乗客』(五〇年)の四年後に出た『妻を殺したかった男』も変な小説である。(しつこいようだが、〈変な〉というのはホメ言葉である。ハイスミスの小説はすべて〈変〉なのだ。)

どう〈変〉かというと——。

まず、殺人の描写がある。

キンメルという男が妻を殺す。めった刺しにして殺し、そのままにしておく。彼には(きわめて初歩的な方法ではあるが)にせのアリバイがあった。

話は飛んで、弁護士のウォルター・ストックトンは、その事件に興味をもつ。どうやら迷宮入りらしいが、女の夫が犯人ではないのか？

というのは、ウォルターも妻とうまくいっていないからである。彼の意識の下では〈妻殺し〉の衝動が渦まいており、ふっとキンメルに会いにゆく。

〈変〉というのは、こういうところである。ハイスミスが人間の（とくに、男の）心の動きをよく知っているな、と思わせるのは、こういう部分である。フツーの推理作家はこういう〈変〉な部分を描かない。ミュリエル・スパークなんて女性なら、別だが。

これからあとのウォルターの行動は、犯行に及ぶかどうか、じつにきわどいものである。エリーという女性と関係したこともあって、ウォルターは〈妻殺し〉のほうに押し流されてゆく。

ところが、計算外のことが起る。バスで実家に向った妻が、途中でおりて……崖下で死体になってしまったのである。

これは完全な事故死なのだが、状況が状況だ。しかも、ウォルターには〈計算されたアリバイ〉なんてありはしない。

そして、二つの事件が似ていることに気づいた警部補がいた。調べてみると、ウォルターはキンメルに会いに行っている。いよいよ怪しいではないか……。

小説の前半は、こんな風に進行する。

計画的な犯罪と事故が交差する——この着想が天才的である。

作者は第一の事故が殺人であるのを〈描写〉しているので、無実のはずの第二の事件について警部補が〈殺人の光景〉を頭の中で、〈描写〉するのも無理はない——と読者は思ってしまう。そういうテクニックも、間然とするところがない。多くの読者はウォルターの側に立って、はらはらする。ハイスミスの術中にはまるのである。

小説の後半、とくに結末は決して気持のよいものではない。はっきりいえば、フユカイである。人によっては、結末から逆算して、作品を否定するかも知れない。

しかし、この苦さ、不快さも、ハイスミスの持ち味なのである。『プードルの身代金』だって、実にいやな小説であった。

そういえば、『見知らぬ乗客』も（十数年まえに読んだきりだが）、決してたのしくはなかった。映画がたのしかったのは、結末にエドマンド・クリスピンの『消えた玩具屋』のクライマックス（回転木馬のデッドヒート！）を据えたためである。ヒッチコックの「見知らぬ乗客」は、ハイスミスの原作を口当りよいものに変えたのだ。

ハイスミスのこの味を、グレアム・グリーンは〈酷薄な快楽の数々〉と表現しているそうだが、やみつきになるおそれがある。この暗さは、べつに〈文学的〉なのではなく、生れつきのものと推測される。エンタテインメントの枠をこわしてしまう暗さだ。

宮脇孝雄氏の解説によれば、ハイスミスは実の父親を知らず、母親は再婚したのだが、その母とも仲が悪かったという。それが幼年時代の体験で、〈連れ子の目〉と表現されている。

人間不信というのは、実は、ある時期まで人間を信じていて裏切られ、そうなるのだが、ハイスミスのこわさ、作品の邪悪さは、そうした甘さが全然ないことで、生れつき、なにも信じていないところから発している。『太陽がいっぱい』を読んでいなくても、映画でアラン・ドロンが演じたリプリーという男をみればわかるだろう。（しかも、原作のリプリーはラストで逃げてしまうのだ。）

パトリシア・ハイスミスの小説は、昔のフグみたいなものだ。下手をすると毒にアタるのだが、舌ざわりはめっぽう良い。今後の翻訳に期待しよう。

30　プルーストをどう読むか？

中公新書の『プルーストからコレットへ——いかにして風俗小説を読むか』（工藤庸子）は、やたらに面白い本であった。

学者というものは小説を〈研究〉できても決して〈読め〉ない、と思っているぼくは認識を改めた。いやー、例外のない規則はないのですね。

著者が、読者について幻想を抱いていないのが、まず、すがすがしい。

〈というわけでこの本は、メニューのようにならべた小見出しを手掛かりに、適当に読みとばしていただいてかまわない。〉

と、きたものだ。

マルセル・プルースト、とくに『失われた時を求めて』について書くのは非常にむずかしい。専門家やプルーストを研究している学生は別にして、この小説を読んでいる一般人はほとんどいないからだ。

ぼくは『失われた時を求めて』を〈高級なユーモア小説〉または〈グロテスク・ユー

モアの小説〉として読んだ。パーティでのほんの一瞬を、異常なまでにゆっくりと、しかも拡大して描写するのが実に面白かった。

もちろん、これは極端な見方であり、面白さがそれだけでないのは充分に承知している。ぼくは英文学科の学生だったから、プルーストの英国小説的側面（そういうものがあるのは否定できまい）を主として読んだのかも知れない。

著者は、『失われた時を求めて』には（大きくいって）三つの読み方がある、として

1　ひとりの作家が誕生するまでの芸術家小説
2　時間というテーマに正面からとり組んだ形而上学的小説
3　日々の平凡なドラマを生きる人々が大勢登場する文字通りの風俗小説

の三通りの見方を提示する。そして、あえて、〈風俗〉という入口をえらぶ。

これは戦略としても正解である。かなりの読書家でもプルーストを避けるのは、主として2の見方をしなければならない、という風におどかされてきたからである。

では、〈風俗〉とは何か？

〈それはファッションとか家具とか、物理的な存在だけを指すものではなく、すくなくとも時代全体の風潮、いわゆる精神的風土をもつつみこむ言葉だろう。〉

著者は、こうして、『失われた時を求めて』を説明し、解読してゆく。初めての読者にもわかるように、平易に、である。これは、かなりのテクニックである。〈プルーストおたく〉の学者には、こういう真似はできない。〈プルーストおたく〉は、

あらゆるおたく族がそうであるように、（プルーストを理解できるのはオレだけ）と思っているから、プルーストを神聖視し、大衆から切り離そうとする。だから、日本では、プルーストが読まれない。

〈……わたしたちはこの作家が、さながら時代を超越した人間であるかのような錯覚におちいることがある。しかし考えてみれば、作家の存在そのものも、ある意味では「風俗」のひとこまにすぎないともいえる。〉

という風に、著者は醒めた目でプルーストを見ている。つっ放している。説得力はそこから生れる。

工藤庸子の本は、ほぼ同年代に〈パリの文壇〉で生きたプルーストとコレット（どちらも同性愛者といってよかろう）の作品と実生活を対比したもので、コレットの小説は『青い麦』一冊しか読んだことのないぼくも、興味深く読んだ。

しかし、まあ、『失われた時を求めて』の原型である『ジャン・サントゥイユ』（これも長い）まで読んでいるぼくとしては、なんといっても大長篇（九千枚だそうだが）の分析が面白かった。世間との交りを絶って長篇を書くというのはぼくの夢なのだが、プルーストは第三者に読ませないで死んでしまったから、つじつまの合わないところが多く、死んだはずの人間が生きていたりするというあたり、身につまされた。

そのうち（いつだろうか？）、ヒマになったら、井上究一郎個人訳の『失われた時を求めて』を、ゆっくり、じっくり、どこかで（ハワイ島あたりの海の見える部屋で）読んでみたいと思う。なんといっても、プルーストは、ぼくの先生の一人だから。

かつて、たった一人、東大でプルーストを卒論にした人に、「あなたはプルーストを熟読した時期があったでしょう」と指摘されたことがあるが、まあ、そういうわけで、サロン（？）やパーティでの人物カリカチュアがなんとかやれ、人物がゴチャゴチャ発言する場面になるとハツラツとする、といわれたりするのは、大学時代に『ソドムとゴモラ』に読みふけったからなのです。

31 〈あのころ〉をどう処理するか?

『対話篇 村上春樹をめぐる冒険』(河出書房新社)をむさぼるように読んだ。

理由は、現代日本の生きている作家でぼくが興味をもつ数すくない作家の一人が論じられていること、そして、その論じ方が清鮮なものであること、といってよいだろう。笠井潔、加藤典洋、竹田青嗣の三人の評論家が集っている。

三人は〈全共闘世代〉であるが、加藤典洋氏は〈村上春樹をめぐる〉話し合いを、〈人の褌で相撲をとる〉ような恥ずかしいことだ、と考えている。〈そういう「恥ずかしさ」〉を感じながら、しかしそのこととは関係なく、喋り、書く。その〈無関係の関係〉に、文芸評論という仕事の〈まともさ〉の度合いをはかる尺度がある——というのが、加藤氏の考え方である。

三人の考えはそれぞれちがうのだが、だからといって話し合いをやめるのではなく、相違点をすり合わせてゆくことによって、新しい考えを見つけようとする——この方法が、ぼくには新しいものに思われた。

タイトルが、〈よくある村上春樹の本〉のようなので損をしているが、内容は深い。

村上春樹について、『ノルウェイの森』が社会的に成功したあとは、〈なんとなくけしからんという雰囲気が支配的であるように思います〉という笠井氏の言葉からディスカッションが始まる。

以前に書いた〈『ノルウェイの森』を読む〉という文章の中で、ぼくはその〈雰囲気〉をこう書いている。

　ぼくの眼についたのは、〈アカデミックな文学研究者〉たちによる村上春樹罵倒と嫉妬の活字群だった。だから、ぼくの「ノルウェイの森」評価は相対的なものでもある。

加藤、竹田の両氏は〈比較的積極的評価派〉であり、笠井氏は〈全面肯定ではない〉とみずからいう。

おことわりしておけば、『ノルウェイの森』だけではなく、『風の歌を聴け』から『TVピープル』までが、すべて論じられている。それが第一部。

第二部は、村上春樹論を超えて、〈アカデミックな文学研究者〉を批判し、世紀末、大衆、社会主義国家の崩壊にまで話が及んでいる。

こういう書物は、およそ、要約に適さない。（ぼくはもう一度読みかえしてみようと思っているが……。）

一九四七年生れの竹田氏、四八年生れの笠井氏と加藤氏が、四九年生れの村上春樹に認めているのは〈六〇年代末の自分に固有な経験の意味を、手離さないでいる〉ということである。

この対話の無類の面白さは、そうした同時代感覚からきているのだが、ぼくにとって、いまひとつつかめないのは、『風の歌を聴け』を読んで、〈全共闘の時期の経験から書かれている小説だな〉とピンとくるという、そういう切実さであった。つかめないことは、つかめないと、正直にいっておいたほうがよかろう。

読みおえてから、ぼくはまったく別なことを考えた。

小説には、〈その時代〉を感覚的に把握していないと分らない小説とそうでないものがある、ということだ。

たとえば、『太陽の季節』という小説が一大センセーションをまきおこしたことは、当然のことながら、五十以下の読者にはまったく分らないだろう。一九五〇年代の終りごろ、石原慎太郎は〈時代そのもの〉であった。同世代者は反発しながらも憧れた。もう少し〈深い〉ことを書けば、われわれの世代にとっての〈あのころ〉——つまり、一九四五年（敗戦）から一九五〇年（朝鮮戦争）までの時期である。大半は絶版になっていると思うが、疎開、空襲、焼跡を描いた多くの純文学があった。（面白いのは、石原慎太郎は同世代者なのに、この時期のことを小説にしていない。）そして、それらの小説は、同時代者の熱烈な支持を受けた。ぼくの場合（『冬の神話』）でさえ、そうであった。

日本が高度消費社会になったという事情はあるにせよ、それらの小説はほとんど、書店から姿を消した。ぼく自身、その問題を、うまく整理できずにいる。小説として下手だった（それはそうだろうが）というだけではすまされないものがあると思う。

大きくみると、その次にくるのが、全共闘の〈あのころ〉小説である。じじつ、『村上春樹をめぐる冒険』の中には、〈あの時代のカウンター・カルチャーの雰囲気〉といった表現があり、やはり、〈あのころ〉なのだ。

ぼくの考えをいえば、『風の歌を聴け』では、〈あのころ〉を裏側にもってゆき、青春小説、または抒情小説（対話の中の表現を借りれば〈喪失感の抒情化〉の形をとったところに、村上春樹の独創性があった。青春小説、都市小説、いかような読み方もできるように作られていたし、なんといっても、文体がすばらしい。

つまり、〈あのころ〉の体験によりかかったり、それを前面に出しては駄目なので、裏側に秘めたのが、作戦勝ちである。（一九七九年に発表するためには、こうするしかなかった事情もあるだろう。）

もう一度、本にたちかえるが、個々の作品をこれだけ仔細に検討したのも珍しい。こうした誠実さは、さいきんの評論からほとんど失われている。

ぼくの考えでは、村上春樹の作品は、過去の映画のイメージにみちている。

それから、彼がいち早く認めたスティーヴン・キングの匂いも、(『ダンス・ダンス・ダンス』以後)しだいに漂い始めている。いってみれば、ポップ・カルチャーからも、使えるものは、片っぱしから使ってゆく貪欲さがある。

つまり、〈全共闘の時期経験小説〉として分析もできるし、ストーリーテリングの語り方でも分析ができるところが、幅ひろい読者をもつゆえんだと思う。

32 またしても、ハイスミス

ぼくの手元には、めまいがするような厚さのスティーヴン・キングの『IT』（上下）がある。いま入手したばかりで、目次も見ていない。目次を見はじめると、原稿が書けなくなるからだ。

で、やはり、パトリシア・ハイスミス、である。河出文庫のシリーズで、『水の墓碑銘』。原題の〈ディープ・ウォーター〉の方がよいのだが、ま、仕方がない。

ハイスミス名義の作品としては——

1『見知らぬ乗客』（一九五〇年）

2『妻を殺したかった男』（五四年）

3『太陽がいっぱい』（五五年）

4『水の墓碑銘』（五七年）

と、四作目で、また、これも立派な作品である。

古い古い作品らしく、「ムーラン・ルージュ」のメロディがきこえる、という描写がある。なるほど、ジョン・ヒューストンの「赤い風車」（五二年）のテーマ曲が流れた時代である。

しかし、内容はまったく古くない。

アメリカの田舎町という設定のせいもある。（ニューヨークだと、建物その他が変っていますからね。）

この作品でも、ハイスミスは、とてつもない設定をもってくる。

ヴィクター（ヴィク）・ヴァン・アレンという三十六歳の小肥りの男。資産家である。妻のメリンダは大っぴらに浮気をして、男を家につれてくる。男たちの一人に向って、ヴィクは「マルコム・マクレーの話をきいただろ？」とおどかす。

マルコム・マクレーは広告会社の重役。メリンダの友人であったが、肉体関係があったかどうかは不明。そのマルコムは前年の十二月にマンハッタンのアパートで何者かに殺された。

この事件は、ヴィクには関係がないのだが、「マルコムみたいになりたいか」と浮気男たちをおどかすことはできる。男たちはこわがって逃げてしまい、町の人々はヴィクを恐れる。

この発端はいかにもハイスミス調で、下世話な言い方をすれば、そそられる。

やがて、マルコム・マクレー事件の犯人が捕まる。犯人はナイトクラブ芸人だった。

これで、ヴィク＝犯人説は消えた。そのことは、ヴィク自身がいちばんわきまえている。

ここから、メリンダの（現在の）愛人、デライル殺しがスタートする。

よく考えると、ヴィクはなぜメリンダと離婚しないのかという疑問が出てくる。（もっとも、メリンダが離婚に応じない事実がある。）殺人に頭をつかうのなら（そして、ヴィクぐらい頭がよければ）、探偵をやとって姦通の現場をおさえるのは簡単だろうし、世間体もなんとかなるのではないか。

ヴィクは軽薄な男デライルを殺す。ここで〈ディープ・ウォーター〉という原題が効いてくるのだが……これ以上は書かないほうがいいだろう。三百六十九ページのうち、百二十五ページで、このサスペンスだ。

『太陽がいっぱい』のトム・リプリーもそうだったが、ヴィクは殺人について〈罪の意識がいっこうにわいてこな〉い。メリンダのひどさを知っている読者は、犯人であるヴィクに容易に感情移入できる。

〈未読の読者はここからあとを読まないように。〉

ヴィクは二つの犯行をおこなうが、結局は破滅する。〈Crime Doesn't Pay〉という当時の道徳律からハイスミスも自由ではなかった。ハイスミスの小説の〈あと味の悪さ〉は、無理に犯罪者を罰しなければならない〈小説の造り〉からもきているのではないか。

もっとも、この小説のまえに、すでに、犯人が生きのびる『太陽がいっぱい』（映画とは結末がちがう）を、ハイスミスは書いている。『太陽がいっぱい』の主人公トム・

リプリーの連作こそ、ハイスミスの本領といえるだろう。

ハイスミスは、純文学といわぬまでも、ふつう文学の人であった。犯罪がストーリーテリングのための道具でなく、人間の本質に結びついたものであるのを熟知していた。だからこそ、『水の墓碑銘』の終りのような〈いかにもお約束の結末〉は惜しい。

33　エンタテインメントと脚色

一九六二年に製作され、同年秋に日本で公開されたサスペンス映画「恐怖の岬」はコワい映画であった。

善人の一家が一人の変質者によって徹底的に苦しめられるサスペンスもさることながら、変質者を演じたロバート・ミッチャムの不気味さが圧倒的だった。試写室で一度、テレビのカット版で一度観ただけだが、ミッチャムが十二歳の少女を追いかけるというのがコワかった。

しかしながら、ミッチャムが母親（美しいポリー・バーゲン）を狙っているのか、十二歳の娘を狙っているのか、それとも両方なのか、判然としないところがあり、おそらくは倫理規定のせいだろうと考えた。

原作は、ジョン・D・マクドナルドの『死刑執行人』。当時は読むことができなかった。

犯罪者が刑を終えて、理不尽な復讐のために戻ってくる――というパターンは、西部劇にはあったと思うが、現代劇では、おそらく、これが初めてではなかったかと思う。こういうパターンを確立しただけで、マクドナルドと脚色のジェームズ・R・ウエッブはえらい。

西部劇ならば、主人公は拳銃で立ちむかえるが、ここでの主役サム・ボーデン（グレゴリー・ペック）は弁護士――法の番人である。しかも、脅迫者マックス・キャディ（ミッチャム）は、あくまで法に触れないようにふるまっているので、警察も手を出せない。

サム・ボーデンは孤立する。「真昼の決闘」（五二年）のゲーリー・クーパーと同じであるが、ボーデンの側に〈絶対の正義〉はない。自分と一家を守るために、ボーデンは殺人を決意する……。

このパターンは、（物語を作る側からすれば）すばらしい。ボーデンは策略を練り、マックスを罠にかけようとする。

「恐怖の岬」は約三十年ぶりでリメークされた。企画したスピルバーグは、この物語に愛着があったのだろう。監督はマーティン・スコセッシ、犯人はロバート・デ・ニーロという布陣である。

ウエズリー・ストリックの脚本は、ウエッブの〈オリジナル脚本〉を土台にしていて、ジェームズ・R・ウエッブの名もクレジットされている。

こうして、初めて、ジョン・D・マクドナルドの原作が「ケープ・フィアー／恐怖の岬」として文春文庫で出た。二十九年目で、ようやく、気になっていた原作が読めた。ジョン・D・マクドナルド（一九一六〜八六年）は、〈トラヴィス・マッギー〉シリーズで知られ、ぼくも翻訳されたものは、全部読んだ。しかし、みごとに覚えていない。小説を読んでわかったのは、〈ハリウッド映画におけるパターンの確立〉の見事さであった。

小説はこうである。

第二次大戦中のオーストラリアで、士官だったサム・ボーデンは、十四歳の少女をレイプしたマックスを見つける。マックスは〈終身重労働〉を宣告される。

サムは五〇年代のアメリカの田舎町で弁護士として成功し、美しい妻（三十七歳）、娘（十四歳）、二人の息子と共に、生活をエンジョイしている。

マックスは再審理で十三年の刑になり、出獄して、サムへの復讐を果そうとする。妻も娘も狙われる。

一九五八年の作品だから、語り口は古風である。これを読むと、現代の小説が（純文学もエンタテインメントも）いかに映画的・視覚的になっているかがわかる。この小説の中で現代に通じる人間像は、凶悪なマックスだけといってもよいだろう。

（しかし、時代はアメリカがもっとも豊かだった一九五〇年代、ベトナム戦争の前である。その時代のエンタテインメントとしては、これは古びないテーマを持っている。）

この小説の面白さは、孤立したサムが、妻子をおとりにして、犯人を殺してしまおうと決意する件りにある。追いつめられた善人が悪人と同レベルで戦おうとするところから、さらに強いサスペンスが生れる。〈個人的な戦い〉は、現在のアメリカの社会状況の先どりといってもよいだろう。

J・R・ウエッブの脚本は、まず、二人の男の子を削ってしまった。のこるのは、母と娘だけ。マックス・キャディはもともとレイプ犯で、異常な女好きなのだから、この方がサスペンスが強くなる。

次に、舞台を二カ所に分ける。

第一の舞台は町で、サムが警察や私立探偵に失望してゆくプロセスがある。（物語の途中で十五歳になる娘は、映画では十二歳になっていた。倫理規定の関係だと思う。）

第二の舞台は、〈ケープ・フィアー〉という川にあるハウスボート。（原作には〈ケープ・フィアー〉という地名はなく、設定もちがう。）

サムは、そこに美しい妻と娘を送り込み、マックスとの対決を計画する。

二十九年まえに観た記憶で書いているのだが、ざっと、こうした設定である。（マックスの犯行や刑期も、時代に合わせて、ズラしてある。おっと、監督を書きもらした。前年に「ナバロンの要塞」を作ったJ・リー・トムプソンがモノクロで作った。）

マーティン・スコセッシによるリメークは、さまざまな改変を加えてはいるが、大筋はウエッブ版を出ていない。現代風な衣裳をまとっていても、〈大筋〉を崩していないところがハリウッドの強みである。

日本映画が低迷以下の状態にあるのは、一つの原作から〈大筋＝基本プロット〉をつかみ出すプロの作業ができないからである。わかり易くいえば、〈その原作を面白くしているバネ〉が判断できないのだ。

脚色という仕事は、オリジナル脚本を書くよりも下だという意識があるのだろうか。ぼく自身の作品の映画化にしても、いちばん大事なバネを外されてしまい、啞然としたことがある。そうすることが、脚本家の〈作家性〉と思い込んでいるふしがある。

九一年版のマーティン・スコセッシは自己流にねじ曲げてみようとして、当人はうまくいったと満足しているが、結局は、マクドナルド──→ウエップの〈大筋〉から出ることができなかった。だからこそ、スコセッシ最大のヒット作となったのだ。

マクドナルド原作のオリジナリティは、またしても守られた。

34　オリジナルなプロットを求めて

オリジナルなプロットを考えるのはむずかしい。むずかしいけれども、物語作家ならやらなければならない。

ぼく自身の近況を述べれば、長いあいだ素材を暖め、参考資料も数十冊集めたところで、〈ある物語〉の執筆をストップすることにした。似たシチュエーションのアメリカ映画が作られつつあるからだ。日本ロケを終えたはずで、映画のプロットは制作サイドの都合でずいぶん変化しそうだが、ま、これはやめた方がよいだろう。小説が発表される前後に、映画が公開され、シチュエーションの類似でも指摘されたらたまらない。

というわけで、ぼくは（日本的にいうところの）〈純文学〉をたてつづけに書いてゆくことにした。（放棄した作品は〈エンタテインメント寄り〉であった。今後、この種の作品を書くかどうかは見当がつかない。）

さて、〈純文学〉だろうと、〈オリジナルなプロット〉は必要なのであるが、今回は、もっと幅をひろげた話をしたい。

自作を例にとるのをお許しねがいたい。

一九五八年秋、ぼくは失業し、食いつめていた。〈純文学作家になる〉意志は一貫していたが、もうそんな時間はない。失業保険は半年間しか支給されず、そのあいだにモノ書きになろうと考えた。

今であれば、一夜で〈フリーライター〉やら〈コラムニスト〉になることもできる。だが、当時の日本は高度成長以前、東京タワーができた年だ。

見渡したところ、原稿を募集しているようなところはなかった。わずかに江戸川乱歩が編集する推理雑誌「宝石」が新人をとりあげていたが、なにしろ、時間がない。追いつめられていなければできないことだが、「宝石」の編集を批評する手紙を出し、下手な短篇小説をあとから送りつけた。

おどろいたことに、江戸川乱歩さんから直筆《じきひつ》の手紙がきて、〈批評〉は面白いから読者の投書欄にのせる、小説はコレでは駄目だが、もう一つ書いてみないか、という内容だった。

いまのことは知らないが、当時のミステリの短篇はヘンリー・スレッサーやC・B・ギルフォードがお手本だった。ぼくは頭をひねって、四十数枚の短篇を書いた。

題名は「狙った獣」としたが、江戸川乱歩さんが、それはマーガレット・ミラーにあるからといって、「消えた動機」と付けてしまった。（この短篇は新潮文庫の『悲しい色やねん』に入っている。）

「宝石」(一九五九年二月号)にのったとき、乱歩さんがみずから書いて下さったループリックを書きうつす。

〈ドナルド・ノックスに「動機」と題する不思議な短篇がある。この「消えた動機」も同じテーマを扱っているが、真似ではない。ノックスの主人公の考えつかなかった全く別の手段を考案している。「消えた」動機という点もノックスとはちがっている。世界にたった一つの類型があるにしても、この着想はやっぱり面白いのである。（以下略）〉

その〈着想〉とはなにか？

医者に胃ガンを宣告された男が、自殺する勇気がなく、殺し屋に自分を殺してくれと依頼する。が、あとでガンでないことがわかり、あわてる……。（ラストには落ちがある。）

『幻影城』『続幻影城』の著者に〈面白い〉といわれて、ぼくは満足だった。すぐに日本テレビで三十分のドラマになった。（当時のテレビは単位が三十分。）

時は流れて、一九六六年秋に松竹で映画化の話が出た。

その年、「カトマンズの男」というフランス映画の試写があり、話の発端がぼくの小説のアイデアに似ていた。原作はジュール・ヴェルヌの小説だそうで、松竹のプロデューサーに鑑定してもらったが、その人は「関係ないですよ」と言った。ヴェルヌの小説の翻訳は（少なくともその時は）出ていなかったが、オリジナリティにこだわるぼくは釈然としなかった。

さいきんの「キネマ旬報」（一九九二年一月下旬号）に、ウィーン国際映画祭のリポートが出ていた。

その映画祭のサブ・イヴェントとして、ビリー・ワイルダー特集がおこなわれたというのだが、ビリー・ワイルダー（ドイツ映画時代は名前がちがうはずだ）ほか二人が脚本を書き、ロバート・シオドマクが監督した「人間廃業」（三一年）という映画が、映画における〈殺し屋との契約〉ものの原点らしいと見当がついた。脚本はオリジナルではなく、エルンスト・ノイバッハという人の舞台劇だという。

もっともこれは相手が〈殺し屋〉ではない。

ある男が死のうとしていると、泥棒が入ってくる。ついでに、おれを殺せ、と泥棒に迫るが、泥棒は引き金が引けない。そこで、後日必ずと契約書を交わす。……やがて、男は恋をして気が変る。泥棒をつかまえて、契約を破棄しようとすると、契約書は他の人間にゆずられていて……という話。

シオドマクのこの映画は戦前に日本で公開されたというが、一九三一年では、ぼくは生れていない。

近年、映画を観にゆくことが少ないので、活字でしか知らないのだが、「コントラクト・キラー」とか、やたらに〈殺し屋との契約がずっこける〉話の映画が多いな、と思っていた。

ぼくの原作は六七年正月に「九ちゃんのでっかい夢」(監督・山田洋次)として映画になっているのだが、そのせいとは思えない。そう考えていたら、「人間廃業」が浮上してきた。

完全に同じではないにしても、似たような〈着想〉、プロットはあるものだと思った。自分ではオリジナルだと思い、乱歩さんのような和洋の小説のプロットやトリックのオーソリティが折紙をつけてくれても、地球の反対側には似たようなアイデアがあったりする。オリジナルなプロットの考案はまことにむずかしい。

もっとも安全なのは、自分の体験・思い入れだけを書くことだが、それでは読者が極端に限定されてしまう。体験や思い入れが入るとしても、オリジナルなプロットによる物語をめざすほかあるまいと思う。

35 『大菩薩峠』をめぐって

「机龍之助の皮肉」という短い「大菩薩峠」エッセイ（北上次郎）を読んだせいもあって、中里介山について書きたくなった。

介山の代表作『大菩薩峠』について、ぼくは『小説世界のロビンソン』では触れていない。ぼくの評論は予定の倍の枚数になり、『失われた時を求めて』や『大菩薩峠』を割愛せざるをえない事情もあった。それに、『大菩薩峠』はインテリによってあまりにも論じられすぎていた。小説以外の部分（思想とかそういったもの）が論じられ、近年、小説としての評価はほとんどない。

もう一つ。〈大衆文芸〉は大正末年に始まるのだが、『大菩薩峠』は大正二年から新聞に連載されていた。だから、〈大衆文芸〉運動とは関係がない。介山の他の作品をみても、いわゆる大衆性はとぼしく見える。

では、どうして、孤高の作家が大衆と結びついたのか？

この点を明快に説いたのが、大井廣介の『ちゃんばら芸術史』である。

沢田正二郎（通称・沢正《さわしょう》）という、舞台でのチャンバラの天才が〈新国劇〉を旗上げし、「月形半平太」や「国定忠治」で人々を熱狂させた。

いま、〈新国劇〉といっても何のことかわからないが、ぼくが子供のころは、まだ大人気だった。もちろん、沢正はとっくに亡くなり、辰巳柳太郎と島田正吾の「宮本武蔵」を明治座で観たが、立ちまわりに迫力があった。

話を大正時代に戻すが、沢正は大正九年から『大菩薩峠』をとり上げ、みずから机龍之助を演じた。

机龍之助はもともと、なんのために人を斬るのかわからない人物だが、沢正は原作以上にチャンバラを加え、残酷チャンバラ集成にしてしまった。龍之助が相手を木の幹に串刺しにし、花びらが落ちると、片手で受けて、「花が散るなあ」とつぶやくシーンがあったそうで、官憲から改変を命じられた。

沢正は悪乗りをして、原作にない、龍之助と宇津木兵馬の対決の場を作ったりしたので、介山は怒り、上演を拒否した。介山としては、大衆向けのチャンバラ小説ではなく、宗教小説を書いているのだから、怒るのも無理はない。

大井廣介が考証した通り、ニヒリスト剣士・机龍之助には前例がなかった。大衆が熱狂したのは〈沢正版・机龍之助〉であり、これが後年のチャンバラ（舞台の）、映画、小説に影響をあたえることになる。

思いつくだけでも、丹下左膳、「侍ニッポン」の新納鶴千代、眠狂四郎。盲目という流れでは座頭市がある。

『大菩薩峠』は根本設定の単純な作品で、兄を殺された青年・宇津木兵馬が机龍之助を殺して仇が討てるかどうか——というだけのものである。

兵馬もなかなかの腕前。一方、龍之助は失明こそするが、音無しの構えはいよいよ冴える、というわけで、決着がなかなかつかない。北上次郎氏は全四十一巻のうち、六巻目から話が〈ねじれ〉てくる、と書いているが、ここから先が中里介山の狙いであって、五巻までのスピーディな運びは、読者をのせるためのイントロではないかという気がしないでもない。

いろいろな人物が登場し、仇討ちが背後に消えてしまう〈ツイン・ピークス状態〉は、しかし、初めからの狙いだったかどうか？

三巻目の「壬生《みぶ》と島原」が終った大正三年十二月に、介山は〈あとがき〉を書いている。全文引用すると長いので、要点を引く。

〈……眼盲《（マヽ）》ひたる後の龍之助が剣法、なほ精妙にして人の胆を奪ふ、されど結局は兵馬の手に死ぬる也……〉

ひとことでいえば、六巻から十巻までぐらいのあいだで、龍之助は御嶽山上で兵馬に討たれて死ぬ、という構想である。——また、こうも書いている。

〈……今までの処だけにても、読み方によりては、ほぼ完結に斉《ひと》しき効果あるべきを思ふ。　敬白〉

つまり、いずれ仇討ちはおこなわれるのだが、ここ（三巻）までで物語は終ったに等しい、と断っているのである。

では、何故、物語が書きつがれたか？

次の巻で、龍之助が盲目になる（これは作者が予告している）ことによって、新しい〈カルマ曼陀羅〉の世界がひらけたという見方。

沢正のチャンバラによって人気が出すぎて、とまらなくなり、連載の場も、都新聞から大阪毎日・東京日日に上っていったこと。昭和に入ってからは、大河内伝次郎・入江たか子による映画化で、主人公が勝手に歩き出したという見方。

ぼくには文献による以外、当時の人気のほどはわからない。


『大菩薩峠』についての論は、谷崎潤一郎の有名なエッセイを除けば、これといったものがなかったが、桑原武夫のごく短いエッセイ（昭和三十二年）が新しい視点で、その後の評価に大きな影響をあたえた。

これは、日本文化を三層に分類して――
1　西洋の影響下に近代化した意識の層
2　その下の封建的・儒教的な日本文化の層（例・吉川英治）
3　三層――さらに下の、どろどろしたシャーマニズム的地層
介山の凄さは、一、二層はもとより、第三層からも多くを吸い上げている、というのが桑原の意見である。今日の介山論＝『大菩薩峠』論は、ほぼこの影響下にあり、東映で作られた千恵蔵版「大菩薩峠」全三部（一九五七〜五九年）の後半にまでその匂いがただよう。内田叶夢監督は〈宗教世界〉を色で表現し、〈チャンバラだけではない「大

菩薩峠」〉と評された。

桑原武夫のエッセイはすぐれたものだが、『大菩薩峠』を〈純粋に小説として読む〉自由を拘束したのは否めない。北上次郎氏のように〈ヘンな小説〉といいきれる自由をもたないぼくは、『小説世界のロビンソン』では『富士に立つ影』だけを論じた。『大菩薩峠』の主人公は〈悪の形相〉であり、『富士に立つ影』の主人公は〈行動する善〉である。『大菩薩峠』は〈大衆文芸〉ではないにせよ、結果として、大正・昭和の大衆小説・芸能のチャンバラ・シーンに多大な影を投げかけたのは明らかであった。

36 大学に入ったら何を読むか?

次女が去年、大学に入ったので、英語のテキストはどういうものかときくと、モーム、フィッツジェラルド、ヘミングウェイの短篇という、ぼくの大学時代と同じようなものであった。

たしか、大岡昇平さんの言葉だったと思うが、西欧の名作文学は学生時代に読め、というのを記憶している。

——いえ、名作というものは、トシをとってからでなければわかりません。

とりあえず、こういう〈正論〉がかえせる。ぼくもそう思っていた。

——そうかも知れない。が、とにかく、若くて、時間がたっぷりあるときに、『戦争と平和』などを読んでおくのだ。ストーリーだけでも頭に入れておく。トシをとると、これが効いてくる。

この言葉は大岡さんではなかったかも知れない。

しかし、名言である。

トシをとると、下らない雑用が多くなる。エンタテインメントだって、時間を作らなければ読めやしない。

　結論をいえば、右の教えは絶対に正しい。

　べつに教えに従ったわけではないが、大学一年になるころ（つまり、高校を卒業したころ）、バルザックの『従妹ベット』を友達に借りて読んだ。これはエラリイ・クイーンやクレイグ・ライスよりも面白かった。

〈世界の名作〉というものを、ぼくは、大半、文庫本で寝転んで読んだ。とりあえずはストーリーだけで読む。たとえば、『アンナ・カレーニナ』のいちばん凄いところなんか分りゃしない。分ったのは、三十すぎてからだ。

　それが現代とどういう関係があるのか、と問われれば、現代までつながっているのだと答えるしかない。たとえば、ソール・ベロウの『宙ぶらりんな男』はドストエフスキーの『地下生活者の手記』を、同じソール・ベロウの『犠牲者』はドストエフスキーの『永遠の夫』を〈下敷き〉にしている。

　そこまで直接的でないにせよ、戦争を描こう（という作家がいるとしての話だが）とすれば、『戦争と平和』を考えないわけにはいかないし、ノーマン・メイラーの『裸者と死者』も無視できない。

　それに――〈面白さ〉という点でも、本当は、〈世界の名作〉のほうがエンタテインメントよりも面白いのだ。面白くなかったら、ぼくだって読みゃしない。ただ、背景が現代ではないから、小説の世界に入り込むのに、少し時間がかかるだけだ。

きみが大学に入ったとする。

とりあえずは時間がある。テレビは大して観ない。映画は月に一回ぐらい、コンサートは月に二回ぐらい行く。あとは〈近郊一日の散策〉と酒。電話は長い。

こういう学生であれば、かなり、本が読めるはずだ。

さて——何から読むか？

サマーセット・モームの『世界の十大小説』という本があって、とっかかりとしてはよろしい。しかも、この本には、〈小説とは何か〉という章もあり、大いに参考になる。

さて、モームのベストテン。

『トム・ジョウンズ』（フィールディング）
『高慢と偏見』（オースティン）
『赤と黒』（スタンダール）
『ゴリオ爺さん』（バルザック）
『デイヴィッド・コパーフィールド』（ディケンズ）
『ボヴァリー夫人』（フローベール）
『白鯨』（メルヴィル）
『嵐ガ丘』（E・ブロンテ）
『カラマーゾフの兄弟』（ドストエフスキー）

『戦争と平和』（トルストイ）

モームはイギリス人だから、『高慢と偏見』（『自負と偏見』という訳もある）や『嵐ガ丘』など、若干イギリス寄りになってはいるが、これはこれでよい。

『高慢と偏見』の著者ジェイン・オースティンは、〈家庭内小説〉の作家として、アメリカのアン・タイラーの先祖であり、『白鯨』はエンタテインメント小説「ジョーズ」の原型だ。まあ、『白鯨』だけは日本語で読むと退屈ですがね。英語の力というやつがあるのでしょう。ディケンズも、作品に入ってしまえば、読み易い。

この十作品は、わりあい、文庫で手に入るんじゃないかな。『トム・ジョウンズ』は岩波文庫の復刻版を見かけたし……。

以下、ぼくが補足する。

スタンダールは、『赤と黒』もいいけれど、『パルムの僧院』という面白い名作がある。これは、やめられなくなる。

中年の恋愛、近親相姦的恋愛、陰謀、アクション、チャンバラの連続で、むかし映画になったが、原作の面白さが入りきらなかった。◎のおすすめ。

バルザックは『ゴリオ爺さん』もまあまあだが、『従妹ベット』を読むべきでしょう。これも、岩波で復刊されている。『従妹ベット』が面白かったら、次に大ドンデンがえしがある『暗黒事件』を読むこと。ミステリの元祖といわれる小説の一つです。

トルストイは、『アンナ・カレーニナ』から入ったほうが読み易い気がする。グレタ・ガルボやヴィヴィアン・リーで何度も映画化されたが、恋愛(姦通)小説だから、とっかかり易い。

ドストエフスキーは、どれも面白いから困ってしまうが、短い『永遠の夫』から入ったらどうか? これはキュートな名作です。新潮文庫の解説によると、題名は「万年亭主」の意味だという。

アメリカの古典を入れれば、マーク・トウェインの『ハックルベリー・フィンの冒険』がいいと思う。ぼくは昔、岩波文庫版で読んだが、改訳され、なじめなくなった。小さな活字が平気なら、村岡花子の新潮文庫版がよろしい。この小説も、英語のシャレを訳すのが大変だと思う。

ついでにいえば、モームの『世界の十大小説』(上下)は四年まえ(一九八八年)に復刊されたが、まだ入手できるのではないか。こう次々に、絶版・復刻・復刊では困るのだが。

37　告白とフィクション

田中光二が田中英光の子息だということは広く知られている。読者の中には田中英光を知らない人がいるかも知れないが、それはまあ、文学事典といったものでも参照してもらうしかない。

世間の通念でいえば、田中英光は敗戦直後の〈無頼派文士〉の一人であり、師である太宰治の墓の前でアドルムをのんで死んだ、ということになっている。亡くなったのは一九四九年十一月三日、三十六歳であった。

田中英光の『オリンポスの果実』をぼくが読んだのはその前後だったと思う。『オリンポスの果実』はすぐれた青春小説であり、世人の多くはその後の彼の〈荒廃した小説〉を読んでいないから、〈人間はこうも変るものか〉と受けとめた。

ひとことでいえば、太宰治の死（一九四八年六月）は〈ショッキングなもの〉であり、翌年の田中英光の死は〈またしても……〉の感があった。

田中光二さんには一度だけ会ったことがある。パーティの席だった。

そのころ、ある〈本格派〉推理作家が田中英光の死をモチーフにした作品を書いた。題名も内容も忘れてしまったが、田中英光の遺族への思いやりのかけらもないのに、ぼくは腹を立てていた。

田中光二さんに紹介されると、すぐに、ぼくはその話をした。

田中さんは、

「私はあきらめていますが、母親がねえ……」

と顔を曇らせた。

百八十センチを越す長身で、男性的な口調だった。

田中光二の『オリンポスの黄昏』(集英社)は、書名を見ただけで買った。

あとがきを見ると、雑誌発表時に、新聞のコラムなどでずいぶん評判になったらしいが、ぼくはまったく知らなかった。新聞は一紙しかとらず、それもちゃんと読んでいないのだから、仕方がない。

書名を見れば、田中英光とのかかわりを書いたものと誰でも思う。田中光二は父親について一切、口をつぐんでいたから、ある決断をしたことがわかる。

ふつうの人は、息子が父親のことを書くのだから、いったん、肚を決めてしまえば、楽に書けると思うらしい。

父親が無名人で、しかも、著者よりも弱い人間だった場合は、だいたい、成功する。

しかし、父親が大きな存在だった場合は、むずかしい。故柏原兵三（芥川賞作家）は父親を書こうとして、悪戦苦闘していた。彼の父親は大物官僚だったのである。田中光二の場合、父親が〈昭和文学史上の人物〉であるだけに、別なむずかしさがある。

さらにSF作家である彼は、

〈ありきたりの私小説や評伝を書くわけには行きません。それだけの気負いはありました。〉（あとがき）

と言い、方法論を三年間も考えたという。

その〈方法論〉がうまくいっているかどうかは、あとまわしにしよう。〈田代重光〉という作家を父に持つ〈私〉は、仕事の上で行きづまっている。文庫も売れなくなっている（というところに、リアリティがある）。体調も悪く、しかも長男が難病に苦しんでいる。〈私〉は死をのぞみ始めている。ところが――父親の〈重光〉が自殺したことによって、〈私はみずから死ねなくなった。〉

この発端は魅力的である。〈私〉は飛行機で日本の最南端の島に向っている。その機内での思い、状況説明は右のようなものだ。あとがきによれば、長男ならぬ長女が倒れたのは実際の話だという。

こうした旅の描写の中に、どーん、どーん、と大きく、田代家（田中家）の歴史が入ってくる。

ここまで書くのかと思うほど徹底しているそれらは、いっそ評伝にしてしまったらどうかと考えられるほどである。

登場人物名も、花田清照（花田清輝）はともかく、川上哲太郎（河上徹太郎）など、読者がもう察しがつかないのではないか。一方、福田恒存、井伏鱒二、深田久弥は本名で出てくるので、この辺りの使い分けが、よく分らないところがある。（私小説の多くは有名な文士でも仮名にしてしまうが、それでは、現在の読者に分らないだろう、という著者の気持は理解できる。ここらは、むずかしいところだ。）

ところで、著者の考えた方法は、こうである。

〈私〉は南の島で一人の老人に会う。老人は一九四九年十一月三日に自殺をくわだてたという。いろいろあって、〈私〉の推測では、老人は本当に死に、同じ日時に息をひきとった〈田代重光〉が老人（といっても一九四九年には三十六歳）の肉体に入り込んだのではないか、ということになる。

著者みずから、〈つくりすぎ〉〈あざとい〉という批判を承知でやったというこの方法は、クライマックスでの〈黒いひとかげ〉との会話を可能にするためである。

〈黒いひとかげ〉との会話は、このようなオカルト的（と著者はいう）設定がなくても、おそらく、可能であったろう。しかし、田中光二はあえてこの方法をえらんだ。〈黒いひとかげ〉との会話は成功し、現実にはありえない〈父子のやりとり〉を実現させた。

田中光二の方法論的悩みをとりあげたのは、この問題がＳＦ作家にとどまらないであろうことを述べたいためだ。

一人の作家が自分の抱える問題をフィクションとして（すなわち想像力を用いて）どう処理するかが、これから日本のまっとうな作家の悩みのもととなるだろう。私小説でいくという作家、輸入物の方法論に自信をもっている作家は、この悩みには縁がない。

ぼく自身のことをいえば、戦争、精神的亡命者、東京に生きる苦痛を、『ぼくたちの好きな戦争』『世界でいちばん熱い島』『ドリーム・ハウス』という形でフィクショナイズしてきた。方法論とは、決して活字だけのきれいごとではなく、作者が血まみれになるたぐいのものである。

38　長けりゃいいってものじゃない

ここ二十年ぐらいだろうか、小説がやたらに長くなってきた。

そういう嘆きをよく耳にする。

そういえば、映画も長くなってきた。映画は一時間三、四十分ぐらいが丁度よく、二時間を越えるのは珍しかった。

いまや、二時間はおろか、三時間以上でもそう驚かれない。二時間十分ぐらいの映画が多いが、シナリオがよければ、一時間半か一時間四十分で終るのに、と思う。ちなみに、製作五十周年で記念上映されている「カサブランカ」は、あれだけ人物、事件が錯綜していながら、一時間四十二分である。

さて、小説の話である。

十八世紀の小説が長いのは、発生して間もないのだから仕方がない。

また、十九世紀のいわゆる〈大小説〉は、人間群像はおろか、宇宙のすべてをからめとる志だから、当然長い。

二十世紀に入っても、『失われた時を求めて』や『チボー家の人々』は、十九世紀小説の志を継いでいるから、とんでもなく長い。(『失われた時を求めて』をぼくはイギリスの風俗小説との関係で考えている。いや、あれは実験小説だという人がいても、べつに反対はしない。)

映画が登場し、トーキーになったころから、小説の〈語り〉は、映画的効率をとり入れるようになった。グレアム・グリーン、新しくはジョン・アーヴィングがそれを認めている。ぼくは興味がないが、マルグリット・デュラスは自分が監督をやるせいもあって、よくも悪くも〈映画的〉だ。

アメリカの大衆小説はやたらに長い。飛行機の中で、分厚いペーパーバックを読んでいる人を見かけるが、あれは長くないといけないのだろう。

映画「ジョーズ」が公開されたころ、「ジョーズ」の原作が出た。(この話はどこかに一度書いた気がするので、読者によっては重複するかも知れないが、話の都合で、もう一度書く。)

「ジョーズ」の原作も長い。たしか三部になっていて、一部と三部は映画と同じであるが、二部がちがう、リチャード・ドレイファスが演じていた海洋学者が警察署長の奥さんと寝てしまうのである。そして、色々あって、海に出ることになる。

版元の早川書房の知人が「どうですか」というので、「第二部がウス味で、どうもいらない気がする」と答えた。

「ああ、分りましたか？」

「何が？」

「第二部は、作者があとから付け足したものです。あれがないと本が薄くなるので、アメリカではダメなのです。厚くないと、ベストセラーにならないみたいですね」

知人の説明をきいて、そういうものか、とびっくりした。ベストセラーの世界には、それなりの条件ときびしさがあるようだ。

英米のミステリが〈長く〉なっているのは、日本の書店で見てもわかることだが、ストーリー、プロットの必然だけではなく、〈ベストセラー〉としての商業的要請があるのではないか。

恐怖小説も、日本の文庫にして上下二冊というのが多く、うすめの一冊本だとホッとする。（映画でいえば、一時間二十分か三十分にあたる。）もう売れてしまったと思うから安心して言うが、スティーヴン・キングの『IT』だって、長すぎる。ジョン・アーヴィングやスティーヴン・キングの場合は、作者の体力の所産という気がするから、仕方がないが。

日本の大衆小説は、体力・エネルギーで長いのはすくない。

『富士に立つ影』はあれだけの長さを必要とするし、〈宗教小説〉『大菩薩峠』は長々しい小説の代表のようにいわれるが、発端部分はキビキビしていて、文庫本で二百ページ、

「鈴鹿山の巻」のあたりで、〈基本設定〉は終っている。

近年の〈叙述のくりかえしの多い、長い、水増し風の〉エンタテインメントは（日本の場合）、新聞小説のせいだと思う。

戦後のいわゆる新聞小説の名作（？）というのは、そう長いものではない。『青い山脈』『望みなきに非ず』『自由学校』と、たちどころに題名が出てくるものは、いずれも、そう長くない。長くなったのは石川達三の『風にそよぐ葦』からで、しかし、これは必然性があった。

ぼくのとぼしい体験でいえば、新聞は一年の連載という依頼が多いが、一年といえば夕刊でも（つまり日曜が休みでも）、九百枚ぐらいになる。単行本にすれば二冊だが、好評であれば、もっと長くなったりする。上中下の時代小説は、こうして生れる。

ぼく自身の好みをいえば、内外を問わず、一晩で読みきれる作品が望ましい。だから、文庫で五百五十ページの『孤独の街角』（パトリシア・ハイスミス）は充分に面白いのだが、もう少し短い方が効果的な気がする。ハイスミスの場合、途中でやめられないからだ。（いま読みつつあるスーザン・アイザックスの『嵐の中で輝いて』は、上下で七百ページだが、陽気な一人称なので、毎晩少しずつ、という読み方ができる。映画「嵐の中で輝いて」のメラニー・グリフィスがよかったので、原作を手にとったのだが、まだ少ししか読んでいない。）

〈ベストセラー本（米）〉とか〈新聞・週刊誌小説（日）〉という、〈メディアによる制約〉は仕方がないと思う。問題は、その〈長さ〉を面白さで埋められるかどうかである。

（小説の構成が長さによって変るのはいうまでもない。）

新聞や週刊誌の場合、「あと二カ月のばして欲しいのですが……」といった要望が途中で出ることもあり、いちがいに作家を責めることはできませんがね。

アメリカの場合は、〈ふつうの大衆小説〉への要望がミステリに入り込む、あるいはミステリ味のある大衆小説が好まれる（アーサー・ヘイリー、シドニー・シェルダン等）ことから、ふつうのミステリまでが長めになってきた。

キングサイズの飲み物とか、とてつもなく大きな袋に入ったポテトチップスと似たようなアメリカ的発想の気がする。〈とにかくデカい〉のはアメ車に限らない。

39　現代にもある〈小説の原点〉

映画のノヴェライゼーションをならべてある本棚を、アメリカの書店では、〈Tie–in〉と分類していた。〈タイ・アップ〉じゃないのですね。

ノヴェライゼーションも、作家によって出来の上下があるらしい。リアノー・フライシャーの『フィッシャー・キング』（扶桑社ミステリー）は上の部である。

映画「フィッシャー・キング」の中で、恋人リディアと初めて中華料理屋へ行ったロビン・ウィリアムズが優しく口ずさむ「リディア、オー、リディア……」という歌に、本職の映画批評家が誰ひとり言及していないのはいぶかしい。グルーチョ・マルクスが「マルクス兄弟珍サーカス」の中でうたった有名な〈刺青の女リディア〉の替え歌なのだ。

で、『フィッシャー・キング』の訳書を見てみると、二百二十二ページにこうある。

〈やがてパリーが、低く甘い声で歌いはじめた。コミックソングだった。偉大なるグルーチョ・マルクスが歌って有名になったボードヴィルの端唄《はうた》で、刺青のあるリディアという女を歌ったものだった。〉

〈……歌詞は滑稽だが、無上のやさしさを秘めたラブソングだった。〉

ちゃんと分っている。

筆がすべった。

「嵐の中で輝いて」という第二次大戦スパイ・メロドラマの映画を観た。批評家は文句をつけているが、放っておいて欲しい。メラニー・グリフィスが好きだから観たのだ。

——現代のBBCのスタジオで、老女リンダ（メラニー・グリフィス）が第二次大戦中の活動を回顧する。

リンダはウォール街の弁護士事務所につとめているが、戦争映画が大好きである。時はナチス・ドイツがポーランドに侵攻したころで、父がベルリン生れのユダヤ人であるリンダは、ベルリンに乗り込んで、ユダヤ人である親戚を助けたいと考えている。

弁護士エドワード・リーランド（マイケル・ダグラス）は戦略事務局OSSに協力しており、リンダは彼と一夜をともにして……と、いろいろあって、リンダは素人スパイとしてベルリンに乗り込むことになる。

映画の売りは、ベルリン・ロケにあり、とにかく戦時中のベルリン風景が一見に価する。

スーザン・アイザックスによる原作『嵐の中で輝いて』（新潮文庫）は上下二巻で手元にあった。

〈ニューヨーク・タイムズのベストセラー・リストの上位に三カ月にわたってランキングされました〉という原作を、ひとつ読んでみようと思った。ぼくはメロドラマ、ロマンスも好きなのである。

〈わたし〉という一人称で語られるのは映画と同じだが、映画といかにちがうかというところが面白かった。（ちなみに、アイザックスの本はノヴェライゼーションではなく、あくまでも〈原作〉である。）

小説の前半（文庫でいえば上巻）は、完全に〈ロマンス調〉といってよい。

貧しく孤独な移民の子リンダがエリートでハンサムな弁護士ジョン・ベリンジャーに恋をする。ベリンジャーには妻ナンがいるが、ナンには愛人がおり、浮気ではすまなくなっている。

ベリンジャーはナンに心を残しながら、リンダと結婚する。この結婚はとてもハッピーには終らないだろうと思わせて、上巻が終る。

おことわりしておくが、〈ロマンス調〉と書いたのは、必ずしもストーリーのことではない。ストーリー（というか発想）にもあるが、文体・表現がそうなのだ。ハーレクイン・ロマンス風で、これがとても読みやすい。（翻訳のせいもあります。）

ハーレクイン・ロマンスの表現というのは、例えば、こうである。

〈三〇代だとは思ったが、正確には何歳なのかはわからなかった。オリーブ色に日焼けした、彫りの深い顔立ちをしている。鋭く光る黒い目に、思わず吸いこまれそ

うになる。太くてかたい黒い髪は、櫛で型を整えにくそうだった。〉（シルエットロマンス『愛あるかぎり』より引用）

スーザン・アイザックスの描写はさすがにここまで極端ではないが〈ひどく遠くはない〉といったところ。

なにしろ、上巻の一行目がこうである。

〈一九四〇年、世界中が戦争を待っていたころ、三十一歳のオールドミスだったわたしはジョン・ベリンジャーに恋をしていた。〉

思わず、（それから、どうしたの？）と訊きたくなる発端で、ぼくはこういうのが嫌いではない。〈ポストモダン〉を売り物にする小説などよりずっと良い。なんというか――小説の原点という気がする。


さて後半（下巻）である。

ナンの父親エドワード・リーランドが前面に出てくる。この人物（五十五、六歳）はヨーロッパで対ナチスのスパイ活動をしている。

夫がナンと浮気をしているのを目撃した〈わたし〉はエドワードに申し出て、スパイ活動に加わる。〈わたし〉はベルリンの下層階級のドイツ語が自在に話せるのだ。

――映画の脚色がうまい（といってもハリウッドでは〈並〉であるが）のは、三十何歳のジョン・ベリンジャーと義父のエドワード・リーランドを一人の人物にして、マイケル・ダグラスに演じさせたところだ。どうってことはないのだが、やはり、うまい。

リンダがベルリンに潜入してからは、小説は〈サスペンス・メロドラマ〉とでもいうべきタッチになるが、描写はウイットがあり、当時の映画の題名がいろいろ出てくる。第二次大戦ものは、もはやノスタルジアになったのか。絶対悪がナチスというのも久々で、ラストはハッピーエンド。

他人にはどう言われようと、ぼくはこういう終り方が好きだ。

アメリカのベストセラーというものを久々に読んだのだが、一気に読めるのは〈わたし〉の一人称で女性が書き、翻訳が読み易かったからだと思う。

ベストセラーは（残念ながら）女性が書き、女性が編集・出版し、女性が読むものだということがよくわかった。

40 シムノンの語り口

敗戦後の一時期、焼跡の本屋でジョルジュ・シムノン（シメノンとも表記されていた）の翻訳をやたらに見かけた。戦前の紙型を使ったものであった。『男の首』『黄色い犬』『聖フォリアン寺院の首吊男』といった作品群で、翻訳出版物のすくないころだから、一通りは読んだが、どこが面白いのかわからなかった。『男の首』だけが興味深く読めたのは、ジュリアン・デュヴィヴィエ監督が「モンパルナスの夜」として映画化した古い映画がリバイバル上映されていたからで、戦前は単行本のタイトルも『モンパルナスの夜』になっていた気がする。

その次の小ブームは、『雪は汚れていた』や『可愛い悪魔』の映画化作品が封切られた一九五〇年代で、〈シムノンの作品はよく映画になるが、原作は読まれない〉という定評ができてしまった。（近年、メグレ警視シリーズがまとめて出たが、まったく読んでいない。）

少年時代にシムノン作品をパスしてしまったのは、単純にいって〈謎とき小説ではない〉からであった。

その〈謎とき小説ではない〉ところがジイドに絶賛されたり、アカデミー会員にえらばれたりするのが、どうも納得がいかない。もともとフランスの推理小説は肌が合わないので、それきり読まずにいた。やたらに映画化されるのも、なにやら〈純粋でない〉気がした。(ぼくがグレアム・グリーンを読まずにいたのも同じ理由だった。)

映画化作品の話がつづくので気がひけるが、久々に本気で読む気になったのは、「仕立て屋の恋」という映画が近々封切られるために、原作が訳されたからだ。

『仕立て屋の恋』というのは、映画用のタイトルを単行本に使ったので、読んでみると、主人公は仕立て屋ではない。

一九三三年に発表された原作の題名は『イール氏の婚約』。ぼくが生れたころの小説だから、当然、古い。古いことは古いが、予想していたよりは新鮮な部分が多かった。

〈仕立て屋〉はイール氏ではなく、イール氏の父親である。イール氏の仕事は怪しい通信販売業で、他人との交際がほとんどない。〈ぼってりした〉中年男で、極端に孤独を好む性格である。(そうなった理由もわずかではあるが書いてある。)

とにかく、楽しみはボーリングと、中庭の向う側の部屋に住む若い女マリーの裸をのぞくことである。エロ本の販売とのぞき趣味だから、アパートの管理人にも好意を持たれていない。

アパートの近くで娼婦が殺される。犯人はイール氏ではないか、と管理人は刑事に告げる。

物語は、古式ゆかしく、この密告のシーンから始まっている。それだけですでに昔の映画的なのだが、描写は〈説明的〉ではなく〈視覚的〉である。それも、徹底している。刑事の追跡と、それと気づかぬイール氏の行動が、いわばカットバックで描かれる。初期のグレアム・グリーンの描写も視覚的だが、もっと書き込んでいた。

シムノンの描写は、そっけない。そっけないけれども、第二次大戦前のパリに生きるユダヤ人の孤独、街の感触といったつぼは押さえている。ムード小説としても、よく出来ている。

主人公のシチュエーションの（当時としての）新しさ、シンプルなプロット、ムード——映画になるための条件はそなわっている。シムノンの作品がよく映画になる理由が、やっとわかった。

（この小説は二度映画化されていて、「パニック」〈四六年〉と、今度の「仕立て屋の恋」である。ただし、前者はデュヴィヴィエの映画にしては珍しく日本未公開。後者はまだ観ていないが、原作のように冷えびえしたものではあるまい。）

シムノンの小説は、むかし（つまりシメノンかシムノンかわからなくて、日本人がご当人に発音をたずねた五〇年代）は、〈雰囲気小説〉と呼ばれていた。しかしながら、個性的な人物をうみ出す発想には非凡なものがある、と今度思った。だれにも好かれない〈のぞき男〉は、当時の小説の主人公にはなりにくいもので、そこをうまく描いて、読者がイール氏の側に立つところまで持っていってしまう。

当然のことながら、イール氏がつかまるかどうか、つかまったとしても無罪を証明できるかどうかというサスペンスが生じるわけで、シムノンはそのプロセスを淡々と書いてゆく。そのタッチは、ふつうの大衆小説とはちがう。

この小説について、ある作家が〈犯罪小説でありすぎるのが、私には気に入らない〉と書いていた。

ぼくも、〈密告〉で始まるのはちょっと、と思った。もてない中年男が若い女をのぞき見している——この発端で充分ではないか、と思う。たとえば、パトリシア・ハイスミスなら、そこから始めるだろう。

こうした不満はいわばゼイタクなのだが、この五十数年間に小説じたいが大きく変ってきた事情があると思う。つまり、〈密告〉がなくても、異常な男と変った女の性格のドラマだけで、サスペンスは充分なのである。『イール氏の婚約』程度の長さだったら、みえみえのサスペンスはいらないのではないだろうか。ラストのパニックの部分まで読むと、こうした結末はちょっと古いなと思ってしまう。では、どうすればよいのか、と急に言われても困るのだが……。

この種の小説では当然のことなのだが、ユーモアの欠如を我慢しなければならない。(ユーモアとは文字通りユーモアであって、〈笑い〉ではない。)

シムノンの小説でいくらかユーモアを感じさせるのは、『男の首』の犯人ラデックが処刑の日に〈大股で断頭台に向って歩く〉シーンである。ラデックは地面に張った薄氷を踏み、スッテンコロリと転ぶ。〈ラデックの恥ずかしそうな顔はまったく見るに忍びな〉いので、立会ったメグレは〈目をそらそうと〉する。ラデックは自分を冷笑するように、「しくじっちまった！」と言う。

読んでから四十数年もたつのに、このシーンだけは記憶している。ユーモアの効用である。

シムノンの小説を読むことが、もう一度あるかどうか。

41　松本清張の語り口

松本清張が一九九二年八月四日に肝臓がんで亡くなった。太宰治、大岡昇平と同じ年の生れの作家が週刊誌の複数の連載を抱えたままで亡くなるというのは凄みがある。享年八十二。

「或る『小倉日記』傳」で松本清張が芥川賞を得たのは昭和二十八年。昭和二十七年下半期のぶんで、もう一人の受賞者は「喪神」の五味康祐である。

当時の印象では、どちらも地味な作家、作品であった。一年前に同じ賞を得た堀田善衛の「広場の孤独」がまき起した大ブームのあとでは、ひどくくすんだ存在だった。

〈松本清張〉という地味な作家を見直したのは、昭和三十一年（一九五六年）十月に講談社のロマン・ブックス・シリーズで出た「顔」のおかげだ。（ロマン・ブックスは新書サイズの本で、源氏鶏太、横溝正史、白川渥などの作品を集めた、つまりは〈倶楽部雑誌小説〉のシリーズである。）

短篇集『顔』は、自選なのだろうか、「顔」「殺意」「なぜ『星座』が開いていたか」

「反射」「市長死す」「張込み」をおさめ、ぼくは「張込み」が好きであった。この作家には推理小説の才能があるのだ、と思った。

あとで知ったのだが、芥川賞の選者で五味、松本を推した坂口安吾は、選評にこう記している。


〈「或る小倉日記傳」は、これまた文章甚だ老練、また正確で、静かでもある。一見平板の如くでありながら造型力逞しく底に奔放達意の自在さを秘めた文章力であつて、小倉日記の追跡だからこのように静寂で感傷的だけれども、この文章は実は殺人犯人をも追跡しうる自在な力があり、その時はまたこれと趣きが変りながらも同じように達意巧者に行き届いた仕上げのできる作者であると思つた。〉

さすがは坂口安吾、推理作家としてもやっていけると太鼓判を押しているのだ。昭和二十八年早春に活字になっているから、大変な烱眼《けいがん》である。これほど〈無私の目〉で後輩を推した選者をぼくは他に知らない。


一九五八年（昭和三十三年）に『点と線』『眼の壁』の二作がベストセラーになったのは、作品の力もさることながら、当時、〈台風のようだ〉と評された光文社の大宣伝によるところが大きかった。「点と線」のコピーの中心は〈東京駅の四分間の空白〉で、宣伝はそこを徹底的に売った。

だが、この〈四分間〉の設定には大きなミスがある。そこを指摘し、こう直せばよいとアドヴァイスしたのは平野謙だが、結局は直さなかったようだ。

大きなミスがあっても、トリックに前例があっても（＝読者にすぐわかっても）、「点と線」はよく読まれた。つまり、従来のミステリの読者がこだわる部分などどうでもよい大衆がむさぼり読んだのである。その状況を昔は〈大衆社会状況〉と呼んだのだが、今ではどうなのか。

とにかく、地味で暗い短篇作家は、あっという間に巨大化した。その後の長い活動はご存じの通りである。

数年後、松本清張がもっとも脂ののった仕事をしていたとき、旧「宝石」（推理小説専門誌）の座談会で、田中潤司氏が「清張は短篇作家だ」と主張し、出席していた作家たちは誰もその意味がわからなかった。ぼくも即座には解しかねた。（ぼくは編集者だった。念のため。）

が、その後、長い時間の経過とともに、〈日本でただひとりの真の推理小説批評家〉だった田中潤司氏のいわんとしたことがオボロゲながら分ってきた。田中さんはある種の天才で（なにしろ、江戸川乱歩名義の「海外探偵小説　作家と作品」を二十四ぐらいで編集した人物だ）、天才というものは凡人が莫迦《ばか》に見えて仕方がないから〈説明〉をせず、推理小説評論などという仕事からも足を洗ってしまった。

坂口安吾が〈正確で、静か〉と評した漢字の多い抑制した語り口が持続するのは、短篇ないしは中篇であり、長篇になると、どうしても、〈一見平板の如くでありながら〉が、本当の〈平板〉になってしまう。一九六〇年代に入ってからの超多作・長篇の量産の時期には、口述筆記になっていた（これについては速記者が回想の本を出している）から、当然、そうなる。

松本清張の推理小説観は戦前の「新青年」で育てられたもので、J・S・フレッチャーが好きだと語っていた。フレッチャーからクロフツあたりの作風に〈社会派〉の視点を持ち込んだのが、いわゆる清張ミステリで、マニアックな読者を無視することによって成立した。

清張は多面的な作家だが、ここではミステリ的作品のみに話を限定する。

その清張も、『点と線』の姉妹篇である『時間の習俗』では、マニアを喜ばせる達成を示すのであるが、なぜか、『時間の習俗』は大衆に受けない。映画化・テレビ化もされない。

では、数多くの長篇がなぜ読まれたのかといえば、導入部の描写がうまいからである。〈主に心理的な主題をもった〉〈短い推理小説にぼつぼつ手をつけ〉ていた、とみずから語るキャリアがみごとに生かされている。大きな声で語らない語り口は、ピークにあった「週刊朝日」に連載された『黒い画集』で効果を発揮した。ぼくは『蒼い描点』を読むために「週刊明星」を買い、中篇集『黒い画集』を読むために「週刊朝日」を買った。そういう時代があったのだ。

『点と線』と『蒼い描点』は、途中で犯人が変更されたことを、のちに作者自身が語っている。長篇ミステリとして〈構成を練り上げた〉ものではなく、書きながら考えるタイプなのだろうか。『蒼い描点』に関していえば、忙しくて考えている時間がなかったと思われる。

「週刊文春」にのった遺作の一つ『神々の乱心』は犯人が割り出されたところで中絶したが、あと五回で終るはずだったという。

はるかむかし、ぼくは、石神井《しゃくじい》の旧松本邸を訪れて、原稿を依頼したことがある。『点と線』が単行本になった翌年のことだ。〈松本・有馬時代〉といわれたころで、帰りに有馬頼義氏のお宅にも行った。その時の想い出を書こうとも思ったが、資料的なことを書いてしまった。

42 〈犯人がわからない〉批評家たち

はるか昔に亡くなった作家・高見順の都市小説について書こうと思って準備していたのだが、急に、別なテーマが浮上したので、そのことを書く。

初夏にNYにいた時に、邦題を「氷の微笑」という犯罪映画が封切られていた。もうそんなに混んでもいなかったが、法律用語のとび交うような映画らしいから、コトバがわかりにくいだろうと思い、観なかった。

今、批評をしらべてみると、

〈ストーリーはうすっぺらで空虚〉〈謎の構成はばかげている〉（「ニューヨーカー」）

〈エロティックでもなく、映画はからっぽ〉（「ニューヨーク」）

と、まるでバカ扱いである。

しかし、ぼくは、まえもって批評を読まないので、内容を知らなかった。

日本に帰ってきて、送られてくる雑誌をめくると、映画の批評が出ている。それらを見る限り〈犯人がわからない〉ということが、やたらに書いてある。映画ライターという連中の中には配給会社の手先がいるから、〈宣伝〉かと思っていたら、そうでもないらしい。本当に、真犯人がわからないのだという。

八月が終り、映画館が空くのを待って、よせばいいのに「氷の微笑」を観に行った。アメリカで観れば九百円（七ドル五十セント）だが、日本では、なんと千八百円。倍の入場料である。

映画は典型的な〈悪女ミステリ〉である。ハリウッド十八番のジャンルのはずなのに、だらだらと長い。一時間四十分で処理できるはずのものが、二時間三分もかかる。

宣伝では、シナリオに史上最高の四億円が支払われたというのだが、信じがたい。演出も妙にもってまわって、下手というしかない。悪女役のシャロン・ストーンに魅力がないのは演出のせいだろうが、主役のマイケル・ダグラスに〈女にのめりこむ陰影〉がないのが致命的である。

で、犯人は？

なにしろ、容疑者は女三人しかいなくて、二人が殺されてしまうのだから、ラストで出てくる女が犯人にきまっている。しかも、凶器までうつして、念押しをしているのに、〈犯人がわからない〉とは、どういうことか？

映画が終り、エレベーターにのると、二十《はたち》ぐらいの女の子二人が話している。

「すごいけど、なんだか分らなかった！」

地下鉄に乗り、プログラムをひらくと、某映画ライターが、プログラムならいいだろうと、犯人の名を明かしている。しかし、それは、二番目に殺された女の子の名なのだ！

世の中には、ミステリの公式を知らない人がいるのだった。（考えてみれば、あたりまえの話だが。）

二番目の女の子が殺されたあとで、定石通り、〈にせの解決〉がある。警察としては、それで一件落着なのだが、主役（刑事）のマイケル・ダグラスは釈然としない。いや、そうなのかどうかも、演出が下手なのではっきりしないのだが、そもそも、彼はミスキャストで、ジョン・ガーフィールドや若き日のポール・ニューマンの役所《やくどころ》なのである。

そこに真犯人が現れる。これから二人はどうなるのか——というところで、映画は終る。いかにボンクラな監督とはいえ、彼女が真犯人であることを、二度のツイスト演出で観客に示している。

それでも真犯人が（ということは、ストーリーが）わからないとは、どういうことなのか？

友人と話し合ったのだが、テレビの「火曜サスペンス」とか、ああいう安易な推理物になれてしまって、犯人が自白でもしない限り、もう、観客の多くはストーリーがわからなくなってしまっている。〈考え落ち〉だと、混乱してしまうのではないか。——結論はそういうことである。

鑑賞力（というほどのものではない、この場合）の低下、衰退もきわまったのではないか。

まあ、映画や映画ジャーナリズムの場合、もう手がつけられないほど、ひどいことになっているから、怒っても仕方がない。

「氷の微笑」は典型的なB級映画の構造をもっていて、同じアメリカでも、もっとすぐれたB級映画の新作があるのだが、それらについては一向に語られない。


さて、問題は小説についてである。

小説の批評も、〈プログラムの中の某映画ライター〉なみになっているのではないか。あるいは、もっと水準が低いかも知れない。

とにかく、さいきんの文芸時評その他のひどさは、文芸雑誌記者も新聞の学芸担当記者も必ず口にする。

「結局は、徒党を組んでの仲間ぼめです」

「いやー、どうしようもないですね」

「エセ前衛小説にヨワい」

「つまらない小説でも、作家が大きな権力を持っていると、ホメてしまう」

エトセトラ。

かりに徒党を組んだとしても、書くものが説得力があればよいのだが、まったくない。それどころか、読解力もない。〈考え落ち〉にいたっては、手も出ない。

そうなった原因の一つは、小説が好きでない学者あるいは半学者、詩人が副業として時評を書いているからだと思う。そういう人たちは〈時代の空気を呼吸〉していないのだから仕方がない。

フツーの感覚で、いいとか、だめとか、判断できない。フツー感覚が売り物の中野翠さんに、文芸雑誌に書いてみたら、とすすめたら、いやですよ、と、あっさり言われた。それはそうだろう。アナクロニズムの世界に、いまさら手を染める理由はないし、原稿料を考えても引き合わない。近寄らないのは賢明だと思う。

といって、昔の批評がすばらしくよかったと思っているわけでもない。さいきん、「平野謙のような人が欲しい」という声をよくきくが、〈平《ひら》批評家〉を看板にした平野謙がそれほどよかったかどうか。

暑さで寝つけぬままに、かつて感心した平野謙の『島崎藤村―人と文学』（河出市民文庫→新潮文庫）を読んでみたら、これはミステリよりも面白かった。「氷の微笑」の犯人をしのぐ島崎藤村の〈完全犯罪〉を名探偵・平野謙がじっくりと解いてゆくのだ。花田清輝の解説にも抜群の芸があって、まだ読んでいない読者は古本屋で探してでも読む価値が絶対にあります。

43 『失われた時を求めて』を読み通す方法

プルーストの『失われた時を求めて』の短縮版（集英社）が出て、いくらか話題になったせいか、井上究一郎個人訳の『失われた時を求めて』がちくま文庫で出始めたという。

ぼく自身は、いま、もう一度読みかえそうという気はないのだが、かつては愛読し、しかも『小説世界のロビンソン』ではカットしてしまった部分なので、ここらで触れておきたい。

この長大な小説は、第一巻が一九一三年（大正二年）に出版された。

作者のマルセル・プルースト（一八七一年生れ）は一九二二年に五十一歳で亡くなり、第七巻『見出された時』は死後の一九二七年に刊行された。

日本ではすでに大正時代に翻訳がこころみられ、昭和に入ってからは数社から翻訳が出、全巻翻訳の計画もあったが、戦争でとりやめになった。

完訳は、戦後、一九五三年（昭和二十八年）三月から一九五五年（昭和三十年）十月にかけて新潮社から出た二段組み十三巻の共訳版で、これは大きな話題になった。この十三巻本は、のちに新潮文庫に入ったが、広く読まれたかどうか。

ぼくが読んだのはこの二段組み十三巻の版で、年齢でいえば二十から二十二、もっとも読書欲の強い時期だった。まことにラッキーな出会いである。

さて、プルーストは日本で本当に〈読まれた〉であろうか？

ぼくは否定的である。大学でプルーストを勉強したという人と話をしたことがたった一度。それ以外、読んだという人に会ったことがない。

ぼくは『失われた時を求めて』から〈時間〉の問題やら何やらをとっぱらってしまい、人間喜劇、巨大なユーモア小説として読んだ。少なくとも、若い時には、とてつもなく面白い小説だと思った。

同じころだったが、サマーセット・モームの『読書案内』（岩波新書）を読むと、ほぼ似たような感想が記してあった。

モームの読み方はこうである。

〈将来の人びとは、何よりも先に、おどろくべきユーモアの持主として、彼を迎えることだろうと、わたくしは考える。そこでわたくしは、このぼう大な小説をよむならば、まず最初からはじめ、退屈になったらとばしてよみ、しばらくしたら、また普通のよみ方にかえることをおすすめする。ただし、ヴェルデュラン夫人と、シャルリュ（西川正身氏の訳のまま）男爵のところは、一ヵ所でもよみおとすことがないように、注意なさるがよい。この二人の人物は、人間の喜劇的想像力が生んだもっともゆたかな創造物で、当代他にその類を見ない〉

そう、〈とばしよみ〉がコツである。

モームはいう。〈繰り返し〉やうんざりする〈自己分析〉、〈退屈きわまる嫉妬心の追求〉には疲れてしまう。

〈だが、彼の長所は、こうしたいくつかの欠点をゆうにつぐなってあまりがある。彼は偉大な独創的な作家であった。鋭敏な感覚、創造の才、人間心理にたいする洞察力をもっていた〉

〈とばしよみ〉にもコツがいる。レンタル・ビデオで映画をみるときに〈とばす〉のにコツがあるように。

とはいえ、若干の予備知識がなければ〈とばしよみ〉はできない。

新潮社版全訳完結と同時に、一九五五年十一月に同社の文庫で出たアンドレ・モロワの『プルーストを求めて』上下二巻は、井上究一郎・平井啓之の共訳で、実にすぐれた研究書兼解説書であった。

この本がいま入手できるかどうか、ぼくは知らないが、プルーストについての最良の解説書であるのを、今度、読みかえしてみて知った。

たとえば、第一章の一行目は次のように始まっている。

〈マルセル・プルーストの生涯の歴史は、彼の書物が示すように、少年期の魔法の世界をやさしいこころで愛し続けた人間の歴史である。彼は非常に早くから、このような世界と、自分の経験した或る種の瞬間とを、しっかり書きとめたいという欲求を覚えた。〉

すべては、これに尽きる。やれ実験小説とか時間の心理学といったコトバは、あとで、フランスの学者が作り出したもので、作品執筆の動機はもっと単純だ。〈失われた少年期とそれに続いた幻滅〉を作品にする時間（必ずしも充分ではなかったが）と〈浮世の荒い風にあたらずにすむ生活〉、そのための隠れ家が、財産が、プルーストにはあったのである。

もっとも、その前に、プルーストは社交界で、ウイットに富んだ会話、人の物真似の名人として知られ、〈軽薄な文学青年〉とも見られていたことが、まえに紹介した工藤庸子の『プルーストからコレットへ』（中公新書）に記されている。

〈とばしよみ〉のコツは、この二者のどちらに興味を絞るかであり、ぼくのようにユーモラスな風俗小説として読めば、『スワンの恋』や『花咲く乙女たち』は適当にとばして、『ゲルマント公爵夫人』からじっくり読むことになる。（サマーセット・モームもおそらくそうだろう。英国ではスコット・モンクリフによる訳が早く出て、理解されるのも早かった。）

一度、〈とばしよみ〉をしてからじっくり読みかえすこともできるわけで、『失われた時を求めて』を、あたまから一行一行、丹念に読もうとすると、必ず、途中で投げ出すことになる。コツは〈とばしよみ〉しかない。

二十世紀後半の〈映画的効率の語り方〉と、これほど遠い小説はない。『失われた時を求めて』のゆっくりした語り口は、むしろ十九世紀小説（サッカレーの『虚栄の市』など）の延長線上にある。ニュースのビデオをとばして見る現代とは正反対のタイプの小説と初めから考えれば、べつに難解だったりするわけではない。

44 〈茜色の〉クロニクル

志摩方面に旅をして、伊勢神宮を詣でた。家に帰ってから記録を見ると、このまえ詣でたのは昭和十八年（一九四三年）の春だった。なんと四十九年の月日がたっている。

たぶん歳のせいだと思うが、太平洋戦争中の日常を考えることが多くなった。そのころの日々を書いてみたいと思う。しかし、だれが読んでくれるだろうか？

「新潮」（一九九二年十一月号）にのった津村節子さんの『茜色の戦記』は三百三十枚の長篇である。

『ぼくたちの好きな戦争』を書いたとき、ぼくは〈最後の太平洋戦争小説〉と称していたが、その後の様子をみると、とんでもない。「新潮」十一月号には、『茜色の戦記』と加賀乙彦氏の連載『炎都』がある。どちらも太平洋戦争末期を描いて、読みごたえがある。

ポストモダン小説が終ったというが、そんなことはない、と学者が書いていた。どうでもよいことである。外国は知らず、日本では〈ポストモダン〉と銘打つ小説の大半はイモであり、クズである。ふつうのストーリーテリングができないので、〈見るからにポップ〉な外見で中身の空疎さをごまかす。三流芸人でさえ恥ずかしがる駄ジャレをならべて、これが〈ポストモダン〉ですという。これらがわからないのは〈遅れている〉というおそるべきロジックである。

はっきりいって、読者はこんな本を相手にしない。翻訳ミステリを読む方がマシにきまっている。あるいは新井素子さんの『おしまいの日』を読む。（『おしまいの日』は「新潮」十一月号で吉本隆明氏が高く評価している。）

太平洋戦争（大東亜戦争）中の日々が描かれているという単純な理由で『茜色の戦記』を読んだ。

小説は昭和十八年、ある府立高等女学校の三年の教室で始まる。

現代の読者にとっては異次元のような世界だから、〈時局〉がどういうものかという説明がある。女学校の規則がどういうものかが語られる。語り手の〈私〉がぼくより五つぐらい上らしいとわかると、あとは安心して、〈私〉が語る戦時下の日常に身をひたしていった。

あれ、と思ったのは、学校が、〈新宿という繁華な街の、しかも飲食店や風俗営業の店々が集っている歌舞伎町にあった〉という件りで、歌舞伎町は昭和二十三年四月以降の名称ではないのだろうか。一般にはそう考えられていると思うが。

あとはひたすら気持よく——というのは作者の意図に反するかも知れないが——活字

を追っていった。ノスタルジー、というのともちがう。ぼくとしては小学生のころのあいまいな世界に入ってゆく。

〈漠然と知っている時代〉ではある。しかし——たとえば、〈毎月八日の大詔《たいしょう》奉戴《ほうたい》日《び》〉に、メンスの女の子が参拝できないなどということは知らなかった。

大ざっぱにいえば、ここにあるのは思春期の少女たち（話題になるのは〈S〉や宝塚、講話にきた美男の士官）であり、外側で進行してゆく巨大な戦争である。しかも、その戦争は負けいくさなのだ。こざかしいフィクションや小細工がないのも気持よく、こうした〈古風な〉小説の良さをしみじみと感じた。

空襲に関しては、さかのぼって昭和十七年四月十八日の〈ドゥリトル爆撃〉から描写され、昭和十九年、破局の年にいたる。〈私〉は十五歳。

父親の死がある。ドライアイスの描写からスマックアイスクリームにいたる筆づかいはまるでプルーストで、〈筒状のアイスクリームをチョコレートで包〉んだスマックが描写されてゆく。ああ、スマック！

また、当時の唯一の大衆文化だった映画が語られ、教科書からは〈映画「海軍」の主演男優山内明のブロマイド〉が落ちる。（注・「海軍」は獅子文六のベストセラーの映画化。もっとも、この小説のみ、本名の岩田豊雄で発表されている。松竹の山内明は東宝の藤田進とならぶ軍人役者。）

空襲が近くなり、〈私〉は〈高田馬場から西武線で一時間ばかりのところ〉に疎開することになる。いまなら、ゆうに通勤圏内だが、当時は田舎。〈私〉の家が借家だったのが、疎開の決心を早めた。

同じ昭和十九年十一月十一日の朝刊に、〈若いアメリカの女性がペンを持ち、左肘をテーブルの上について、目の前に置かれた骸骨を見ている写真〉がのる。「ライフ」に掲載されたものだという。骸骨は日本兵のもので、〈私〉は〈アメリカ人は鬼畜だ〉と思う。

ぼくもこの写真を見て、戦慄した記憶がある。あの写真は何だったのかと、いまでもフシギに思っている。

昭和二十年三月九日夜中の空襲。〈私〉は軍需工場に通うために淀橋区に住んでいて、大空襲を目撃する。そして女学校を卒業。戦争は終末に向う。〈新型爆弾〉(原爆)、ショッキングなソ連の対日宣戦布告、天皇陛下の放送――いずれも淡々と描かれる。

ふと考えたのだが、戦時中の日常と戦争そのものの進行を、こういう風に、クロニクルとして描いた小説があっただろうか。あったかも知れないが、すぐには思い出せない。いわゆる戦後派文学において、〈戦争の進行〉はご存じというべきものであった。それがご存じでなくなったのは、昭和でいえば四十年、一九六五年ぐらいからであろうか。そういえば、この小説を読んでいて、こんなこと、あったあった、と思うのがしばしばだった。

たとえば、ルーズベルトが死んだので空襲がないのではないかと本気で考えたこと。

大統領の死と空襲は関係ないのだが、そんな風に考えてしまうのが、いかにも日本人だ。

作中の〈私〉が女学校を卒業した春に、ぼくは中学に入った。空襲によって小学校も中学校も焼け、ぼくはそのまま、信越地方に向い、そこの中学に入った。入ったといっても、登校許可が出たのは少しあとで、自宅待機。だから、いまだに英語の発音記号がわからない。それに、いかに焼けたとはいえ、小学校の卒業式もしていない。

45 〈一人称〉について

一人称で書かれた小説がある。

小説の歴史をひもとくと、初期のものには、一人称が多いのがわかる。

しかし、現在、一人称小説といって、すぐに読者が連想するのはハードボイルド小説であろう。〈一人称・一視点〉がハードボイルドの原則といわれたことがあり、かりに三人称（〈彼は……〉）で書いてあっても、視点が一つであるのは変らない。

もう一つ、パズラーにおける一人称の問題がある。

クリスティの有名な例をあげるまでもなく、〈私〉が存在しなくてはトリックが成り立たないものがある。これは極端な例だが、ストーリーテリングの上で、〈私〉が存在した方が都合が良いことが多い。

第三のあり方としては、文学における〈私〉の問題がある。

いまどき、〈私〉が出てくる私小説を書く作家はいないだろう。〈私〉や〈ぼく〉が語り手になる時には、なにかしら構成上の必要があるはずである。

グレアム・グリーンの『情事の終り』は、翻訳では〈ぼく〉になっているが、要するに〈I〉であり、一人称小説である。しかも、終りまで読めば、(ミステリ的運びをふくめて)一人称でなければ成立しない物語であるのがわかる。

『情事の終り』はヴァン・ジョンソン、デボラ・カー主演で映画化されたが、そもそもは映画に向かない物語である。映画には一人称というものは存在しないからだ。(唯一の例外は一人称・一視点を貫いたロバート・モンゴメリーの「湖中の女」だが、みごとに失敗した。)せいぜい、主人公のひとりごとを画面にかぶせて、〈その夜、私は……〉という風に語るのだが、画面は三人称、ナレーションは一人称になる。「湖中の女」を除いて、一人称映画は存在しない。(まれに、カメラが人物や怪物の視点になることはあるが、長くはつづかない。)

一般論はこれくらいにして、話をぼく自身に戻す。〈一人称は小説だけの特権〉ということだけをおぼえておいてもらえばよい。

長いあいだ、ぼくは一人称を敬遠していた。私小説的作品でも、〈私〉や〈ぼく〉を使ったことがない。一人称を使い出したのは一九八九年の『イエスタデイ・ワンス・モア』以後である。

『イエスタデイ・ワンス・モア』(新潮社)で〈ぼく〉を用いたときは、ひやひや物であった。ただ、これは〈三十年前の東京へ行く〉という話なので、どうしても、〈ぼく〉でなければ困る。

この小説を書くことによって、ぼくの〈一人称恐怖〉は消えた。(なぜ、〈一人称恐怖〉だったかということは複雑な精神的問題なので、ここには書かない。）

次の『世界でいちばん熱い島』（新潮社）は、奇妙な恋愛と冒険を一つの作品の中に押し込めた作品だが、本当に書きたいのはフェティシズムの世界であり、いろいろ考えたあげくに〈私〉で通すことにした。四十代前半の男が語り手だが、外見がクールなので、〈私〉がふさわしい気がした。

この作品は〈純文学書下ろし特別作品〉の二作目だが、前作『ぼくたちの好きな戦争』ほどには理解されず、登場人物たちにすまないと思っている。フェティシズムという性のソフィスティケーションは極度に都会的なもので、ムラ社会には向かないのだろうか。

四カ月休んで書き始めた『ミート・ザ・ビートルズ』は、『イエスタデイ・ワンス・モア』の続篇、パート2であり、一人称は当然〈ぼく〉になった。

昨年（一九九一年）秋から書き始めた『ドリーム・ハウス』の語り手は五十八歳の作家である。ふつうだったら〈私〉だが、どこか子供っぽく、たよりない人物にしてあるので、わざと〈ぼく〉にした。（〈僕〉でもいいのだが、漢字を書くのがめんどくさいし、ニュアンスもちがう気がする。）これは〈東京で家を建てるまでのプロセス〉をドラマにする試みで、プロットの発展性はない。三人の男女の奇妙な関係を奇妙に書くしかなく、こういう時に、一人称はいろいろと都合がいい。

ハードボイルド小説で、プロットとは別に、〈私〉の酒の飲み方や生き方、人生観、シニックな社会観察が面白いことが多い。

一人称にはそうした長所があり、『世界でいちばん熱い島』では、そういう使い方をたのしんだ。『ドリーム・ハウス』は、派手なプロット抜きで、〈ぼく〉を歩かせてみようと考えたものである。「週刊文春」十一月二十六日号の風間賢二氏の批評は、ぼくの意図を鋭く見抜いており、「新潮」編集長も感心していた。

さて、『ドリーム・ハウス』にかかる前から、ぼくは〈東京三部作〉という、各々スタイルのちがう小説群を考えていた。

『ドリーム・ハウス』につづく第二作『怪物がめざめる夜』に目下とりかかり、苦労しているのだが、この小説のプロットは一九八〇年に編集者に話しており、同年のノートに記入されている。この物語をやるか、『ぼくたちの好きな戦争』をやるか、相談した記憶がある。

小説は書下ろしのさなかであり、物語もここでは伏せておく。『ドリーム・ハウス』とはちがい、サスペンスの強い物語だが、語り手はまたしても〈私〉である。

四十一歳の放送（ラジオ）作家を、〈ぼく〉ではなく〈私〉にしたのは計算があってのことだが、一人称の語り手はいろいろと便利である。（もちろん、逆のケースも多い。）この小説を書き終えて、チャンスがあれば、一人称のメリット、ディメリットを明らかにしてもよい。

一人称のメリットは、たとえば、〈事件の全貌が少しずつ見えてくる〉ように物語を作れることにある。現代の小説は、ミステリでなくても、後半に〈謎〉をひそめておき、それを明らかにして、読者を納得させるケースが少なくない。（グリーンの『情事の終り』や『ヒューマン・ファクター』はその好例。文学でも、この程度の仕掛けが必要なことを教えてくれる。）

いま書いている小説の結末は、だいたい決めてあるが、書き進めるうちに変ってくるかも知れない。

こうした〈孤独な楽しみ〉があるから仕事をしているわけで、完全に計算通りに終ってしまえば、物足りなく思うことだろう。

46　たまには〈ハリウッド小説〉も

ハリウッドで映画化されなかったら、とうてい翻訳されなかったろう、というような小説群がある。マイクル・トルキンの『ザ・プレイヤー』(ハヤカワ文庫)はその一例だ。ずっと不調だったロバート・アルトマン監督がこの小説を映画化して、昨年のカンヌ映画祭で監督賞と主演男優賞(ティム・ロビンス)を得た。アート・フィルムにしては、アメリカでもそこそこヒットして、六十七歳のアルトマンは復活した。

「ザ・プレイヤー」はおよそ日本の大衆に向かない映画だが、テレビ局の買いとりが決ったりして、日本でも公開される。そのキャンペーンの一環として、原作が訳された、と朝日新聞に出ていた。

映画を二度みていたので、小説は実にすらすら読めた。映画用の脚本もトルキン自身なので、原作と映画はそう大きな相違はない。

いちおうはサスペンス小説の形をとっているが、原作はミステリではない。ジャンルでいえば、スコット・フィッツジェラルドの『ラスト・タイクーン』、バッド・シュールバーグの『なにがサミーを走らせるか』のような〈ハリウッド小説〉である。（この種の小説は、結構訳されているのだが、純文学とかミステリというジャンル分けをするときに、それらから外れてしまうので、書評でとりあげられることがない。）

トルキン自身、テレビや映画の仕事をしていて芽が出ず、〈ハリウッドと訣別するために〉この小説を書いたというだけあって、ハリウッド人種へのシニックな視点で全篇が貫かれている。

いってみれば、〈シニックな内幕物〉にすぎない小説にリアリティをあたえているのは、〈スタジオのボスに対する売れない脚本家のうらみ〉である。このうらみは、かなりすごい。

具体的には、撮影所の若いボスであるグリフィン・ミルが匿名の脅迫状に悩まされている設定がそうである。三十一歳で副社長のグリフィン・ミルは、数々の脚本やアイデアをぼつにしたために、人々のうらみを買っており、しかし、誰にうらまれているのか、もう分らなくなっている。

グリフィン・ミルの悩みはもう一つある。強力なライヴァルがもうすぐやってきて、彼の地位をおびやかそうとしている。――脅迫状とライヴァルのためにノイローゼ状態になっているのが小説の発端である。

ミルは脅迫者らしい男の見当をつける。男はパサディナの映画館で「自転車泥棒」を観ているらしく、ミルは車で出かける。男と会い、KARAOKEバーで話をしたあげく、外に出て、男を殺してしまう。（映画では、〈かっとなっての殺人〉という風に変えてある。)

これで脅迫者の方は片づいたが、次はパサディナ警察が調べにくる。しかも、脅迫状は依然として届けられる。グリフィン・ミルはちがう男を殺してしまったのだ! 彼が警察に調べられることは、当然ながら、社内のライヴァルに有利になる。

ここまでが、原作の三分の一。

小説も映画も、ここから、グリフィン・ミルと彼が殺した男の愛人との恋愛描写になり、少々ダレる。グリフィン・ミルに罪の意識がなく、女の側にもためらいがないので、話は退屈になる。

ストーリーとしてみれば、明らかに弱い。小説では、そこにハリウッドをからかう会話(あからさまなハリウッド映画批判)を入れており、映画は女刑事(ウーピー・ゴールドバーグ)を出して観客を笑わせる。それにしても、プロットの弱さはカヴァーしきれない。(一度目にはそうも思わなかったが、日本語スーパーの入った版をみて、ダレると感じた。)この辺り、作者以外の人物が脚色すれば、警察をもう少しりこうにして、グリフィン・ミルをピンチに追い込むだろう。とにかく、パサディナ警察は指紋も調べていないのではないか。マイクル・トルキンはそうした〈サスペンス仕立て〉にはまるで興味はないようだ。

さて、エピローグである。

原作では、グリフィンはスタジオを辞め、別な職場にいる。そこに、真の脅迫者からの手紙が届く。

この手紙も、ハリウッドへの毒にみちているが、ともあれ、これで小説としての決着は付く。

映画版には、アルトマンらしい大きなギャグがあり、グリフィンは社長になっていて、大ハッピーエンド。

（映画「ザ・プレイヤー」には〈映画内映画〉の仕掛けがあって、これが笑わせるのだが、日本ではそのギャグを批評家が書くわ、テレビでやる予告篇に出してしまうわで、トルキン＝アルトマンの仕組んだジョークをめちゃくちゃにした。「ザ・プレイヤー」の原作でも映画でも、日本人は映画を文化として理解できないサルのように描かれているが、日本公開にあたっての非常識ともいえるさわぎは、それが真実であることを照らし出した。ミステリのラストやオチ、映画のフィニッシュをきめるギャグを書くなと、ぼくは三十年以上叫んできたが、そろそろやめようと思う。だいたい、映画「ザ・プレイヤー」を日本でヒットさせようというのが無理なので、ニューヨークでの試写をみて手を引いた日本の某大手輸入会社は正解だったと、今にして思いあたる。）

そして、映画のハッピーエンドは〈映画内映画〉と照応して、〈ハリウッド映画の嘘〉を皮肉る仕組みになっている。

こう見てくると、ラストが逆になっている以外は、小説と映画はほとんど差がないことがわかる。(〈ラストが逆〉では、原作に忠実とはいえないか。)

とにかく、原作者のトルキンは急に売れっ子になり、「ディープ・カバー」の脚本は売れる、自分の脚本で監督作品をつくる、といった状態らしい。やけになって出版した『ザ・プレイヤー』のおかげだ。

この〈プレイヤー〉は、演技者ではなく、競技者の意味。生き馬の目を抜くハリウッドの競技者=切れ者である。『ラスト・タイクーン』の〈タイクーン(大君)〉と似たようなニュアンスだろう。

たまには、〈ハリウッド小説〉も悪くないと思う。

47 『濹東綺譚』の独創

さきごろ、新聞を見ていたら、「さいきんの若者は永井荷風をナガイニフウと読むそうだ」とあったので失笑した。

これは今から三十数年前、いや四十年前になるだろうか――ぼくが大学生のころ、よく言われた小言であった。当時の〈若者〉がモノを知らないことを叱るときのマクラコトバに、ナガイニフウが使われた。

『濹東綺譚』は戦後もずっと四六判で出ていて、ぼくが買ったのは角川文庫版だった。初版は一九五一年九月で、そのとき買ったのだろう。四十数年前ということになる。

ちなみに、この文庫本は、おなじみ木村荘八の絵が少し入っている。解説は石川淳である。

このとき、荷風はまだ元気だった。荷風がひいきにしているストリッパーに高原由紀という美人がいて、浅草大勝館地下のカジノ座のスターだった。カジノ座のスターは、高原由紀とメリー真珠で、ぼくも通ったが、メリー真珠はのちに、ある作家の夫人になったと伝えられる。

一九五一年といえば、ぼくは大学一年で……そういえば、けっこう荷風を読んだ。『おかめ笹』を、当時は傑作と思ったりした。なんやかんやあって、結局は『濹東綺譚』がベストということになる。

『濹東綺譚』というと、すぐメタフィクション的趣向が持ち出される。ネタはジイドだろうといわれ、ぼくもそう思うが、まあ、どうでもいい。この小説の独創は別なところにある。

ある目利きが、荷風はエッセイストとしては超一流だが、小説（＝小説の造り）は少し弱いのではないかとぼくに言った。

ここに、谷崎潤一郎を持ち出されると、論は説得力を増す。谷崎の小説は超一流だが、エッセイは一流かまあまあである。どう考えても、谷崎は小説造りがうまい。小説を書くために生れてきた人だと思う。

さて、『濹東綺譚』であるが、実は、この小説も、構造的には弱い、とぼくはひそかに思っている。

五十八になる作家が玉の井でお雪（もうすぐ三十になる）という女と出会う。もちろん、そこには荷風十八番の〈季節の変化〉があるのだが、それだけでは小説はもたない。そこで、「失踪」という〈小説中小説〉を入れる趣向を思いつく。〈小説中小説〉をバネとして、作家がお雪となじみ、身をひいてゆくストーリーが生じる。

この小説を作るにあたって、荷風は万全の準備をしている。

まず、一行目で〈活動写真〉という死語（当時にしても）をもち出して、五十八の作家が世の中からズレた存在であることを明らかにする。作家が吹き寄せられてゆく玉の井は、現実には汚い町であろうが、ほとんど〈夢の中〉の世界となる。

さて、困るのは結末である。

荷風としては〈夢の途中〉で終らせてしまいたい。二人が結ばれるのはもってのほかだし、あからさまな別離も困るのである。

そこで、いきなり、〈『濹東綺譚』はここに筆を擱《お》くべきであろう〉という唐突な一行が出てくる。作中の〈わたくし〉は〈大江匡《ただす》〉という名前だったはずだが、これはもう、荷風その人であり、文章はエッセイ調になる。

そして、〈詩だか散文だか訳のわからぬもの〉を草して終るのだが、この詩はあまりありがたくない。

荷風の独創は、小説のあとに、〈作後贅言《ぜいげん》〉というエッセイを付したところにある、と、ぼくは何度か読みかえして思った。

初めて読んだときにも感じたが、このエッセイは長いのである。現在の岩波文庫版でいえば、小説は百四十七ページ、エッセイは三十一ページある。そして、読者の胸を熱くさせ、ああ、これは名作だ、と涙を流させるのはエッセイの終りの部分である。名エッセイスト荷風はここで天才をいかんなく発揮している。

この文人風エッセイを外した『濹東綺譚』は見たことがない。誰もが〈小説＋エッセイ〉で一つの作品と認めている。そして、こういう形式で名作と認めさせてしまったのは、荷風の勝利である。だいたい、小説の〈あるべき姿〉など決ってはいないので、こうしたユニークな形が〈いけない〉という法はない。自分の作品で、後世に残るのは日記『断腸亭日乗』だと信じていた作家にふさわしいまとめ方だという気がする。

ぼくが思うに、荷風は、作品それじたいよりも、〈作者の存在感〉みたいなものが前面に出てくるタイプの作家だと思う。ファンは限りなく、荷風その人に近づこうとする。日記が公開されていない時代には、『濹東綺譚』が荷風の素顔に近いと思われた。文人・荷風に魅力があるのだ。

（谷崎潤一郎の場合は、実生活より作品の方がずっと面白い。これが作家としては本道ですが。）

このタイプの作家は——いろいろな事情があって私生活がよく分らないが——中里介山がそうだと思う。

また、ニュアンスはちがうが、太宰治にもそういう部分がある。あれだけ私生活をほじくりかえされて、いまだに〈研究書〉が出ているもの。

『断腸亭日乗』の短縮版が岩波文庫に入っているせいか、〈当時の荷風は……〉なんて言う人が多いのだが、その〈当時〉というのはどう考えられているのだろうか？

　いつか、「ニュースステーション」でドラマ仕立てにした時は、ラジオぎらいの荷風の頭の上にラジオがあり、ニュースが流れていたので、びっくりした。

　去年、NHKで、やはりドラマ仕立てにし、佐藤慶さんが荷風を演じたのはよかったが、岡山（だったと思う）で空襲の前夜、遊廓に赤い提灯がいくつもついていたのに、ひっくりかえった。〈灯火管制〉ってものがあるだろうが！　提灯どころか、豆電球一つでも、爆撃の的になるはずで、そーゆーことがわからなくて、『断腸亭日乗』はないと思う。〈当時〉ってのは、つまり、明りを一筋もらしてもいけなかったので、だからこそ、荷風文学がひそかに読まれたのである。

48　とんでもない、『雪國』

ちょっとした気まぐれといってもよいが、川端康成の『雪國』を読み直した。昭和前期の古典というか、その辺りが気になる今日このごろなのだが、『雪國』は、実にどうも、とんでもない小説であった。

太平洋戦争のあとで新潮文庫が復刊した、その第一号が『雪國』だった。奥付を見ると、昭和二十二年七月十六日発行とある。昭和二十二年は一九四七年だ。当時の文庫はクラシックしか入れないから、『雪國』は立派にクラシック扱いされていたのである。以下のことは、どこかに一度書いたのだが、改めて書いておく。昭和二十二年夏にぼくが買い、今でも手元にある『雪國』は不完全版であった。つまり、現在の『雪國』からみると不完全ということで、当時は不完全かどうか、作者以外には分らない。

具体的にいえば、(昭和四十二年の改版の分でみると)百三十二ページの〈薄く雪をつけた杉林は、その杉の一つ一つがくっきりと目立って、鋭く天を指しながら地の雪に立った。〉という一行で終っている。だから、ぼくは、この小説はここで終ったものと思い込んでいた。

一九五七年（昭和三十二年）に映画化された「雪國」は岸恵子の名演技で知られるが、これを映画館でみて、火事のシーンに感心した。

原作には火事のシーンなどないので、脚色がうまいのだと思った。『雪國』はもう一度映画化されたが、劇場ではみていない。

その後、なにかの都合で、『雪國』をもう一度買ってみると、おどろいたことに火事の場面があり、しかも、そこで終っている。文庫にして二十ページ弱のラスト・シークエンスを、川端康成は戦後に書いたのだ。

今度、読みかえして思ったのは、この小説は〈以前の終り方〉でもいいし、火事で終ってもいいということだった。〈国境の長いトンネルを抜けると雪国であった。夜の底が白くなった。〉という有名なオープニングがあり、島村と駒子が再会すれば、あとはどうなってもいい、というところがある。〈形式的完成美〉を投げすてている。いかに〈抒情小説の古典〉（伊藤整）とはいえ、この投げ出し方はすごいもので、こういうのが〈日本的〉〈古典的〉〈伝統的〉といわれるのだな、と思い当る。

戦後すぐに新潮社から紺色のカバー（だったと思う）の『川端康成全集』が出て、数冊買った記憶がある。『浅草紅団』などはこの時に読んだのだが、ものすごいインフレで、買いつづけられなかった。文学少年でなかったせいもある。どのみち、『雪國』は理解できなかったと思う。読み方によっては、これはとんでもなくイヤラシイ小説である。戦時中によく禁じられなかったと思う。

主人公の島村（財産家で、妻子があり、フランスの文人の舞踊論を訳しているという人物）が、初めの列車のところで、〈左手の人差指をいろいろに動かして眺めて〉いるのが、まず怪しい。

〈この指だけは女の感触で今も濡れていて……〉という心理描写があり、そのままだとんでもないのだが、〈ふとその指で窓ガラスに線を引くと……〉と変るので、〈抒情小説〉らしくなる。

島村は駒子に再会すると、〈「こいつが一番よく君を覚えていたよ。」と、人差指だけ伸した左手の握り拳《こぶし》を、いきなり女の目の前に突きつけた。〉のであり、そのあとの駒子との会話など、そこだけ取り出せばポルノグラフィに近い。いや、隠すことによって、よりエロティックになるわけだから、俗流ポルノとはちがうという人もあろうが、なにしろ、戦時中（昭和十二年）の作品である。（そういえば荷風の『濹東綺譚』の発表もこの年だった。）

ぼくが『雪國』をゆっくり読みかえしたのは昭和四十三年で、この時は、ややイヤラシイと思った。文庫の解説は伊藤整で、昭和二十二年版の解説の文章がそのまま使われている。

伊藤整は、島村のまわりの〈現実の描写が……ほとんど抽象に近くなっている〉ことを指摘して、〈島村は決して情人とか女好きという存在ではなく、美しく鋭いものの感覚的な秤《はか》り〉である、と断定している。たしかに、これは〈感覚的な美〉の世界なのだが、島村はやはり〈色好み〉なのではないだろうか。

島村と駒子の関係は、とんでもないもので、そこを省略した書き方をしているから、伊藤整のいう〈特有の難解さ〉が生じてくる。どう〈とんでもない〉かは、読者がトシをとらないと、わからないようにできている。

（ここで想い出すのは『濹東綺譚』だが、〈わたくし〉とお雪の関係の書き方はその時代らしく抑制されており、やはり、〈抒情〉の評語が用いられた。しかし、前線の日本兵たちは『濹東綺譚』をポルノ代りに読んだと伝えられる。）

さて、『雪國』のラスト・シークエンスはいつ書かれたのかと調べると、昭和二十二年、四十八歳のときに、『續雪國』を「小説新潮」十月号に発表。あくる昭和二十三年十二月、完結版『雪國』を創元社より刊行、とある。川端康成の小説は、〈いつ終るのかわからぬ〉〈氏の常套手段〉（三島由紀夫）としても、「雪國」の場合は、最初の単行本から十一年後に〈完結版〉が出ているわけで、これは珍しいのではないか。

さらにいえば、この小説は、

〈踏みこたえて目を上げた途端、さあと音を立てて天の河が島村のなかへ流れ落ちるようであった。〉

という〈完結版〉のラストをもってしても終っていない気がする。この一行は〈短篇の終り方〉であって、それより長い小説（『雪國』が中篇か長篇かは、読む人の考え方によってちがうと思う）の終り方ではない。

ということは、この終り方もまた、〈とりあえずの終り〉であり、続きがあっても、少しもおかしくはない。かなり、強引な終らせ方である。

火事のクライマックスを、さらにぶった斬るように終って、残るのは、なんとも形容しようのない感覚である。その感覚をどう名づけたらよいのか、ぼくはためらっている。

49　三島由紀夫論の勝手な読み方

『三島由紀夫伝説』という書名から、この作家の同性愛やら死の前後の事情が明らかになるのかと期待して読む読者は、おそらく失望するだろう。同性愛（だからどうということもないのだが――）についての記述はごくあいまいであり、死の前後、著者の奥野健男氏は三島に会っていない。疎遠になった理由も記されているが、読者にとってはどうでもいいことだろう。

「三島由紀夫伝説」というよりも、「三島由紀夫論」の名がふさわしいこの著作は、一九七三年に書き出され、しばし中絶した長い評論であり、二段組みで四百七十ページほどの本になった。それでは〈伝説〉の部分がまったくないかというと、そうでもない。

この本（新潮社）は、ぼくが忘れ去っていたさまざまなことを想い出させてくれた。〈お勉強〉によって書かれたものでなく、三島由紀夫と同時代を生き、交際もあった人でなければ書けない、卓見と発見にみちている。――とはいえ、まったく同感というわけにはいかない。それらの想いを箇条書きにしてみる。

1　たとえば、〈ぼくたち戦争、敗戦によって世界の終末を見てしまった世代の、戦後社会へのいやしがたい敵意、悪意の象徴〉といった部分は、コトバとしてはわかっても、感覚としてはまったくわからない。

この〈世代〉より一つ下の世代であるぼくにとって、敗戦とは解放であり、戦後社会（ここでは昭和二十〜二十五年を意味する）は、混乱にみちてはいたが、まことにけっこうなものであったから。

ただし、ぼくの仲人だった故虫明《むしあけ》亜呂無《あろむ》氏がこの世代（＝戦中派）であったから、まったくわからないわけではない。戦中派の人たちはかなり変であった、と当時も今も思っている。（例・毎年、八月十五日になると、頭を丸刈りにしたりする人がいたりして。）

2　にもかかわらず、奥野氏が、世評の高かった『金閣寺』よりも、『仮面の告白』『鏡子の家』『美しい星』の三つを高く評価しているのに同感した。

今の若い人はどう見ているか知らないが、三島由紀夫は〈存在〉のわりには評価の遅れた作家で、『金閣寺』によって地位が安定した。こうした事情は、リアルタイムで見ていないと、わからないはずだ。

（それにしても、『鏡子の家』にはわからない部分がある。それは1に書いたわからなさに通じる世代的なものだと思う。ぼくをふくめた読者は、三島由紀夫が本音を語った『鏡子の家』に拒絶反応を示した。三島作品を次々に買っていたぼくが、二冊本の『鏡子の家』だけは買わず、友人に「買ったほうがいいかね」と訊いている。あれは何だったのか?)

3　どうでもよい疑問。

あれほど話題を呼んだ『仮面の告白』(河出書房)が、翌年、新潮文庫に入ったのはなぜか?

4　この本で面白いのは、太宰治と三島由紀夫の比較であり、〈太宰治に会った時についての三島の回想〉に若干のまちがいがあることが指摘されている。

この二人が〈シャムの双生児のように、そっくり〉という指摘は、『太宰治論』の著者ならではのもので、ぼくはほぼ肯定する。

ただし、そう言い切れるかな、という気持もある。二人に共通の部分があるという話を、むかし、某文芸誌の編集長とした時に、相手は、「マンジュウにたとえれば、三島は皮の部分で、太宰はアンの部分」と言った。この方がぼくにはぴったりくる。

5　ぼくがもっとも面白かったのは、〈『潮騒』と『鍵のかかる部屋』の矛盾〉の章である。

凡庸な〈健康さ〉をうたいあげる『潮騒』については、亀井勝一郎(当時の文芸評論家)が、「ああいう方向はよいのではないか」といった言葉を吐いていたのを記憶する。

『仮面の告白』や『禁色』で〈不健康な作家〉のレッテルをはられた三島はここで〈健康〉を演技してみせた、と、ぼくは見ている。奥野氏は〈文部省推薦の小説〉

と批判しているが、ま、作家というのは、いろいろなステップを踏まなければならないので、こう言われてはたまらない。

『潮騒』刊行とほぼ同時に「新潮」に発表された短篇『鍵のかかる部屋』に著者が注目しているのが面白い。『鍵のかかる部屋』は（ぼくの記憶では）『鏡子の家』の原型であり、三島が書いたもっとも陰惨な小説である。一九五四年、大学四年だったぼくは職を探しながら、これを読んだ。珍しく三島由紀夫が書いた〈アンの部分〉の小説である。

『潮騒』とバランスをとるために出した〈前衛的な純文学作家だという証拠〉と著者はいうが、ここまで頽廃的だと、〈少数の選ばれた読者〉もついていけないのではないか。――とはいうものの、ぼくはこの小説の異様な魅力にひかれているといわざるをえない。これだけアブナイ小説も珍しいし、評価も高くなかったように思う。

――といった具合に、次々に想い出が湧いてくる。

おどろいたのは、三島ファンともいえないぼくが、一九四九年以降の大半の短篇を雑誌の初出で読んでいることで、『金閣寺』（一九五六年）の成功以後、ぱったり読まなくなってしまう。ひどいものである。

ついでに、ぼくの独断的考え（くれぐれも信用しないで欲しい）を述べれば、『鏡子の家』の挫折（＝まったく黙殺されたこと）が、作家のその後の人生を大きく狂わせたのではないか。ずっと、そういう気がしている。

この作家を初めて虎の門病院で見たとき、想像していたより小さいのと、蒼白いのでびっくりした。その後、六本木のステーキ・ハウス、「ヴァージニア・ウルフなんか怖くない」を上演していたホールで見たときは、大きな声で笑っていた。いつも〈人工的〉という感じがつきまとっていたように記憶する。

50 『鍵』の独創と危機

谷崎潤一郎が晩年にいたって旺盛な創作力をみせたことは広く知られている。『鍵』『夢の浮橋』『瘋癲老人日記』『台所太平記』『雪後庵夜話』——ざっと数えても、これらは七十代の仕事である。ふつうの日本の作家の老境とはちがうことが理解されよう。

これらの中で、『鍵』（昭和三十一年刊）と『瘋癲老人日記』（昭和三十七年刊）は〈カップリング〉で論じられることが多く、前者は失敗作、後者は名作と考えられている。しかし、前者のステップがなければ、後者の成功はなかったろう、という人も多い。

『鍵』は夫婦の赤裸々な日記が交互にあらわれてくる。夫は五十六歳、妻は四十五歳で、夫は妻について〈……僕ハ、彼女ガ多クノ女性ノ中デモ極メテ稀《まれ》ニシカナイ器具ノ所有者デアルヿ《こと》ヲ知ッテイル。〉と書いている。

今の読者にとっては、おそらくなんでもないこうした記述が、昭和三十一年（一九五六年）には大きなショックとなった。

『鍵』の第一回は「中央公論」一月号にのり、三カ月休んで、第二回は五月号。以後、十二月号までは毎号のって、第九回で完結した。

休載は必ずしも〈ショックにともなう雑音〉のためだけではない。「週刊新潮」に『鴨東《おうとう》綺譚』をのせて（昭和三十一年二月十九日号〜三月二十五日号）、モデル問題で中絶するという、別の〈雑音〉がおこっている。

すなわち、『鴨東綺譚』の準備と執筆は、『幼少時代』（「文藝春秋」連載）と『鍵』の執筆と重なっている。持病の高血圧が悪化しないはずはない。

『鍵』が本格的に問題になり始めたのは、五月号に第二回がのってからで、当時の〈国民的週刊誌〉「週刊朝日」が「ワイセツと文学の間」というトップ記事で批判を仕掛けた。当時の良識的文化人の声を集めて、これでよいのかと焚きつけた。

文学作品が国会で論じられたのも珍しい。たまたま〈売春防止法案〉が法務委員会で論議されていたこともあって、五月十日の同委員会で〈青少年保護の立場から〉問題化した、と、野村尚吾の『伝記・谷崎潤一郎』にある。

この時の騒ぎをぼくはかすかに記憶しているが、野村尚吾は〈（谷崎にとって）心理的な圧迫がかなりあったであろう〉と記している。政府側は、こうした〈エロ小説〉を〈放任する考えはない〉と答弁した。また、〈国民的週刊誌〉の尻馬にのって、『鍵』を否定し尽すような発言をした〈文芸評論家〉もいた。

はっきりいって、文学作品『鍵』は、さんざんな目にあった。〈セックスと死〉は人間の大問題なのだが、そのポイントを見抜いた人は少なかった。ぼくの記憶では、三島由紀夫だけが積極的に評価していたと思う。

さて、『鍵』である。

夫婦は日記が相手に盗み読まれることを計算している。いわば、日記によるだましあいであり、ある日、夫は倒れる。そして最後に、〈謎とき〉風の長い説明が妻によってなされる。

今度読みかえして得た印象は、ラスト（妻のたくらみ）が省略気味だな、ということであった。ことに、もっとも恐ろしい妻の計算がラストの数行で片づけられているのは惜しい。『鍵』は〈失敗作〉というより、〈未完の作品〉だと思った。しかし、一応は完結しているから始末に悪い。あまりの不評に、作者がいや気がさし、投げた感じすらある。

谷崎潤一郎は江戸川乱歩より早く、のちにいうところのミステリを書いた人で、『鍵』は谷崎のミステリ趣味がいかんなく発揮されている。

（江戸川乱歩は、昭和三十年代、ミステリ誌「宝石」をみずから編集したとき、尊敬する谷崎潤一郎を対談に呼ぼうとしていた。おそらくは高血圧とスケジュールのせいだろうが、企画は実現しないで終った。）

しかし、なんといおうと、この時代に（つまり高度経済成長以前に）〈初老の男のセックス〉をとり上げたところに、谷崎のオリジナリティがある。

しかしながら、

〈初老のセックス〉＝いかがわしい
〈ミステリ形式〉＝いかがわしい
と、当時の通念として、〈いかがわしい〉ものが重なってしまったから、世間はうろたえたのである。

もともと、谷崎は〈いかがわしい小説〉をいくつも書いており、ぼくはそっちの方が好き（『青塚氏の話』『蘿洞先生』など）なのだが、このころは〈『細雪』『少将滋幹の母』を書き終えた文豪〉という立場だったから、世間がうろたえるのはわからなくもない。

しかし、文芸評論家といった人たちが「なにをトチ狂ったか」と、ボケ老人扱いしたのはまずかった。谷崎はそれから三十年以上たって問題になってくる〈老人のセックス〉に手をつけていたのである。

もともと、谷崎は、
〈我《われ》といふ人の心はたゞひとり
われより外《ほか》に知る人はなし〉
をモットーにしていた作家だから、時代に早すぎる危険をあえて冒した。その結果、マスコミの猛反発をくらい、野心作『鍵』は尻つぼみに終らざるをえなかった。

『瘋癲老人日記』がそのリターン・マッチであるのはいうまでもない。こっちの方が『鍵』よりも手が込んでいるのだが、当時の批評家は〈『鍵』に較べると、はるかに構成は単純〉などと書いている。困ったものである。

谷崎が『鍵』で提出した問題は、その後、川端康成があつかいかけた程度で、だれも手を出していない。〈世界一の長寿国〉（自慢できることでもない気がするが）にあっては、〈老人のセックス〉は大問題であるはずである。

そもそも谷崎潤一郎の作品そのものが理解されず、全貌は解明されていない。（伊藤整の長い論があるが、当時としてはよかったにせよ、いまひとつ物足りない。肉感性がないといったらよいだろうか。）

〈われより外に知る人はなし〉と認識していた谷崎はやはり正しい。作家は良かれ悪しかれ、このようにクールな自己認識ができないものである。

第二部　読書日和

51　不幸な時代の読書とは

×月×日

北杜夫の『茂吉彷徨　「たかはら」～「小園」時代』（岩波書店）を読む。

岩波のPR誌「図書」に連載されているこの評伝は、『青年茂吉』『壮年茂吉』につづいて三冊目である。

ひとことでいえば、かつて〈歌壇の重鎮であり、また流行歌人〉でもあった〈偉い父親〉斎藤茂吉を子供の目から描いた評伝であるが、〈偉い父親を持つつらさ〉もまた、たっぷりと描かれている。

〈岩波〉と〈茂吉〉という結びつきから、この評伝を敬遠している人も多い。オビに〈評伝文学の傑作〉とあるから、そーゆー風になるのもやむをえないが、やっぱり北さんである。八方破れの描き方で、実に面白い。斎藤茂吉がどういう人か知らなくても、ひっぱり込まれる。

評伝が面白くなるかどうかは、対象となった人物がかなり変な人であるのが第一条件。もう一つは書き手の問題で、書き手も変な人であるのが望ましい。その点、北さんの書き方は、昭和十年代の感想と現在の感想が交互に出てきて、『楡家の人びと』がかなり引用されるという風で、〈八方破れ〉と書いたのは、そうしたことである。北さんの場合、こういう書き方しかないのが、読み終ると納得される。

しかも――。

〈……大急ぎで途中をとばしても、私の生存中にこの稿を終えられるかどうか危ぶまれるからである。〉

とあるのに、ドキッとする。この伝記を書き終えなければ、死ぬに死ねないという熱い気持が伝わってくる。

この巻のメインとなるのは、茂吉が五十五歳のころ、二十四歳の女性と恋におちる部分だと思う。

この事件は、茂吉の死後十年たって、「女性セブン」に女性の手記がのり、「小説中央公論」に茂吉の書簡百二十二通がのるまで、斎藤家の家族はまったく知らなかった。昭和三十八年のことである。

北さんは〈現実の父は謹厳実直な男と信じていた〉し、〈父〉は「女というものは恐ろしいものだから、決して近寄ってはならぬ」と北さんに説教したという。

そういう事情があるからこそ、この恋愛の過程はよけい面白い。面白すぎるほどである。（女性は平成四年六月に亡くなっている。）

太平洋戦争に突入してからの茂吉もすごい。昭和十八年だけで六百二十四首を作ったという、その辺の成り行きも興味深い。

×月×日

昨年の初夏にニューヨークでテレビのニュースを見ると、連日、O・J・シンプソン事件で明け暮れた。日本ではオウム真理教の犯罪がテレビを埋めつくしていたころだ。ぼくの友人はゆううつそうな声で、

「陪審員に黒人が多いから無罪になる可能性が大きいですよ」

と言った。彼はニューヨークで成功している日本人である。

この裁判の結末は十月三日。ぼくはFENで中継をきいた。結果はご存じの通り、無罪。

この事件に関しては無数の本が出ると思う。関係者の手記だけでも幾つ出るかわからないという。

宮本倫好の『世紀の評決　シンプソンはなぜ無罪になったか』（丸善ライブラリー）は、新書サイズで、事件を短くまとめている。事件そのものは単純（といってよいと思う）なので、ぼくにはこれで充分である。

一九九四年六月の夜、秋田犬の鳴き声から男女二人の血まみれの死体が発見された。

マンである。


O・J・シンプソンの元の妻ニコル・ブラウンとそのボーイフレンド、ロン・ゴールドマンである。

O・J・シンプソンが国民的英雄という点が、まず、ぼくにはわからないのだが、シンプソンの〈状況証拠は決定的に不利〉であった。ところが弁護団がすごかった。金にあかせて集めた〈ドリーム・チーム〉は、裁判地をロスのダウンタウンに設定するように動いた。(事件現場に近いサンタモニカなら、白人の陪審員が多くなったはずだ。)

〈ドリーム・チーム〉はマスメディアの利用法を知り抜いていた。

ロスは人種のるつぼである。日系のイトー判事がえらんだ陪審員十二人の内訳は、黒人八人、ヒスパニック二人、インディアンと白人の混血一人、白人一人。そこに人種差別主義刑事マーク・ファーマンが登場し、法廷は事件の真相解明よりも、〈人種差別問題〉討議の場となった。

そして、〈アメリカが本来もう卒業していいはずの「人種カード」を使っての逆転無罪〉——白人、黒人両側の不信感を深めるような結末で、シンプソンと弁護団は笑ったが、金さえあれば無罪がかちとれるという印象をひろめた。

読後の味は苦く、重苦しい。

×月×日

和田誠の『いつか聴いた歌』(文春文庫)を読む。

多才な和田氏は著書が多いが、〈好き〉という点で、この本はぼくのベスト。スタンダード・ナンバー、ポップスを語った本では、色川武大さんの『唄えば天国ジャズソング　命から二番目に大事な歌』（ちくま文庫）と、この『いつか聴いた歌』が二大名著だと思っている。

『いつか聴いた歌』は一九七七年十二月に出版されているのだが、今度、約十九年ぶりで文庫に入った。ベッドで読むには文庫本の方がありがたい。

TOKYO－FMの「サンデー・ソングブック」で歌手の山下達郎さんが、トシをとって気づいたことですが、アメリカのスタンダード・ナンバーは実に奥が深い、と語っていたことがある。

『いつか聴いた歌』（これじたい一九四二年製のスタンダード・ナンバーでハリー・ジェームスの演奏で有名）は、この〈スタンダード・ナンバー〉についての本である。それにこだわる理由として、著者は〈アメリカから聴こえてくる歌は、アメリカ映画とともに、子どもの頃からかけがえのないエンターテインメントだったから〉と説明している。

著者よりわずかに歳上のぼくにとっても、WVTR（FENのちにAFN）から流れてくるアメリカの歌はどれも宝物であった。メロディを覚え、歌詞の書きとりをして、学校へ持って行った。歌詞カードのないころで、何人かで〈正しい歌詞〉を作り上げるのだった。

和田氏のこの本は気軽に読めるエッセイである。一九七七年にはそんな風に読み、良い本だと思った。

今回、じっくり読みかえしてみて、これはとんでもない本だと感じた。くわしいというよりもマニアック。山下さんのいう〈奥が深い〉部分をこまかく指摘してゆくのだが、――たとえば「よくあることさ」(Just One of Those Things)について歌詞をこまかく説明して、ふつうは〈明るく〉〈別れを笑いとばそうとしている感じの歌〉であるが、アレンジを変えて、シナトラが歌うとこうなる、と実例があげられ、〈アレンジャーの大切さ〉が説かれる。この辺りは、むかし、わからなかったところだ。(一言つけ加えれば、文庫版はこまかく加筆されている。)

読み終えて、シナトラの日本未封切の映画「ヤング・アット・ハート」のビデオを観ると、なんと、若き日のやせたシナトラが情感たっぷりに、「よくあることさ」を歌っていた。

橋本治の〈貧乏は正しい!〉シリーズ5巻というのがあって、小学館から出ている。シリーズの3にあたる『ぼくらの東京物語』は、〈「イナカ」とはなんなのか?〉〈トーキョーというトカイの出来方〉〈日本がトーキョーになって行く頃〉について説明する啓蒙書である。いや、橋本氏の近年の仕事は、すべてが大啓蒙であって、啓蒙のひとり大百科事典のオモムキさえある。

ぼくなどは、そこに大きな不幸を感じてしまう。

北さんの本で、戦前の銀座の「オリンピック」を回想する時に、海老フライと〈動物の形をしたチョコレート〉が出てくる。そのチョコレートは見覚えがあるので、ぼくは

〈しあわせ〉になることができる。

一世代下の和田氏の本で、映画「剃刀の刃」の名曲「マムゼル」について触れる時、この曲が大好きなぼくは、やはり〈しあわせ〉になれる。

橋本氏は〈動物チョコレート〉や「マムゼル」にノスタルジーのない全共闘世代であるが、しかし、人間の幸せがどういうところにあるかは百も承知の人である。

そういう著者が〈東京都は戦時中にできた〉と指摘したり（これは正しい、昭和十八年です）、〈若いきみたちが政治に参加することを忘れて、レベルの低い観客のままでいるとどうなるか〉と若者に呼びかけるとき、それじたいは絶対に〈正しい行為〉なのだが、大変なことをやっているなあ、と溜息が出てしまう。

しかし、四十以下の人が〈東京〉について知ろうとするとき、『ぼくらの東京物語』を避けては通れないだろう。じっさい、ここにはカタログ的ではない、東京とそこに住む人たちの歴史が、かゆいところに手が届くように書かれているのである。つけ加えれば、四十以上の人が読んでも面白い本であります。

（96・4／25）

52　女性必読の小説、アン・タイラーの『歳月の梯子』

×月×日

久々にアン・タイラーの小説を読む。

『歳月の梯子』(文藝春秋)というそっけない題名の小説だが、日曜日の午後にぶっ通して読み、七時に読了。あまりの良さに溜息が出た。

アン・タイラーは邦訳が九冊あるが、そのうち七冊は文藝春秋から出ている。〈アン・タイラーの世界〉というのを一度書く必要があると思いながら、「週刊文春」ではマズいかな、と思っているうちに、何年もたってしまった。

『歳月の梯子』は一九九五年の新作である。

〈ボルティモアの女性が行方不明——家族で休暇中に〉

という新聞の切り抜きの文章で始まるミステリなみの発端が、まず、うまい。

医師の妻のコーディーリアが某ビーチで家族と休暇を過しているうちに行方不明になった。長女スーザン(21歳)、長男ラムジー(19歳)、次男キャロル(15歳)は、夫人がぶらぶら歩き去ったことしか記憶していない。

　絶妙のプロローグである。

　では、ひとつ、コーディーリア（40歳）とやらの人生につき合ってみようかという気になる。作者の勝ちである。

　コーディーリア――略して、ディーリアは明るい性格の娘だったが、十九の時に、十五歳も年上のサムと結婚した。時がたち、彼女は〈心配性の、性格の暗い主婦〉になり、夫は狭心症を宣告されている。子供三人は勝手にふるまい、水道屋が家に出入りする。


〈ディーリアはときどき、なんだか自分が、家族のまわりをブンブン飛んでいるだけのブヨみたいな気がしてくることがあった。〉


　客観的に見れば、四十にはとても見えず、若い男にナンパされかけたりするのだが、そんな〈かわいい女〉が（今風にいえば）キレてしまうまでを、アン・タイラーは、ディテイルの積み重ねで描いてゆく。

　さて、行方不明の件である。

　彼女は他人の車に乗って浜辺を去り、よその町へ行く。そこで着る物を買い、下宿屋に入り、就職をする。〈第二の人生〉というやつだ。昼間は働き、夜はロマンス小説か「デイジー・ミラー」を読む生活である。それなりに快適。

　しかし、気になるのは残してきた三人の子供である。ある日、ディーリアの姉がたずねてきて――田舎独特の人間関係で探し出せたのだが――その後の一家の話をする。

　よその町でも、季節はすぎる。アン・タイラーはそれを愛しげに描く。ディーリアは仕事をやめ、十二歳の少年の世話をする仕事につく。高給なのは、妻に去られた男が少年の教育に困っての果てだからだ。そこでの生活はとてもうまくゆく。

だからといって、過去と縁が切れたわけではない。ボルティモアの家ではディーリアの生活をほぼ知っているし。

次男のキャロルがディーリアをたずねてくる場面はこの小説の白眉ともいうべきで、母親が少年に食べ物をすすめ、少年がブスッとしているやりとりがたまらない。そして、出ました、必殺技のディテイル。――キャロルはフライド・ポテトの一本一本にケチャップを〈丹念に〉かけて食べるのだ。

それからまた、時が流れる。いきなり、野暮なことを申しあげるが、小説のテーマは〈時の流れにこれほど強く支配されている世界で、どうして人間は耐えて生きてゆけるのだろう。〉(三一三ページ)である。が、それは古いジャズをラジオで聞いているディーリアの感慨として一行書いてあるだけで、物語は二つの家族にかかわってしまった中年女のゆく末はどうなるか、である。

長女のスーザンが結婚することになる。子供たちの身が心配でたまらないディーリアは休暇をもらい、ボルティモアに戻る。ところが、スーザンは結婚式をとりやめると言い出した……。

いやはや、もう、名人芸といってもいい境地である。小説好き、とくに四十を過ぎた女性たちにおすすめしたい。

訳者も大変だったと思うが、少し注文がある。

1　ofをオヴと書くのはやめて欲しい（六ページ、四七九ページ）。
2　歌のタイトル「フェニックスに着くまでに」は、たぶんグレン・キャンベルの一九六七年の大ヒット「バイ・ザ・タイム・アイ・ゲット・トゥ・フェニックス」だと思うが、こう表記するか、あるいは日本題名「恋のフェニックス」にするかだと思う（一〇ページ）。
3　〈労働の日〉（三〇二ページ）と訳すことはないと思う。三八四ページではわけあって、〈労働の日《レイバー・デー》〉となっているが、この方が良い。

重箱の隅を突つくように思われるかも知れないが、この小説は細部が重要なのである。「バイ・ザ・タイム・アイ・ゲット・トゥ・フェニックス」を「フェニックスに着くまでに」と訳しても、メロディの浮んでこない人には同じことであろう。

よく考えてみると、この小説は初期の『夢見た旅』（一九七七年）のテーマの拡大変奏なのである。一歩一歩、大きくなっている作家だと思う。

（注・この本のあとがきは本を読み終ってから見ること。物語の結末が書いてある。毎度申しあげていることだが、ミステリ以外の小説でも、結末は絶対に書いてはいけない。）

×月×日

田中貴子の『〈悪女〉論』（紀伊國屋書店）を再読する。

ディーリアのような女でも、日本だったら、〈悪女〉呼ばわりされるかも知れない。

田中さんには『聖なる女』（人文書院）という新刊があるのだが、短く感想が書けそうにない。『〈悪女〉論』は三種の〈悪女〉をとりあげているが、最初に出てくるのが〈あの稱徳天皇〉である。といってわからなければ、〈巨根〉の道鏡の相手をした女帝である。

ぼくは古典に暗いので、女帝を〈こっけい〉とは思っても、〈悪女〉と思ったことはなかった。まして、〈人並み外れた「広陰」〉とも思わなかった。とにかく、稱徳天皇は〈悪女〉ということになっているらしく、著者はその原因を、

〈男女問わずその差別（注・女性をスキャンダルで興味本位に語ること）の構造を無自覚に受け入れ、それを垂れ流しにして来た人々にある。〉

とする。

とはいえ、著者はフェミニズムの理論に立脚しているわけではない。ずっとあたためてきた思いを綴っただけなのだろう。

学者なのに、

〈どうでもいいけど、とにかく一通り読んでから批判してよね！〉

とプロローグをしめくくっているのがおかしい。

そういえば、ぼくの「唐獅子源氏物語」（文春文庫『笑いごとじゃない』におさめてある）について、関西では〈麦湯〉ではなく、〈麦茶〉と呼ぶ、と田中さんにハガキで教わったことがある。

その話を妻にすると、

「そう、関西は麦茶よ」
早く気がつけってえの。

×月×日

今年に入って初めて映画館で観た映画がマーティン・スコセッシ監督の「カジノ」である。ハヤカワ・ノンフィクション文庫で原作が出ているので買ってくる。ラス・ヴェガスを舞台にしたマフィアの抗争の歴史をニコラス・ピレッジの『カジノ』は即物的に描いていて、往年の飯干晃一の『仁義なき戦い』に似ている。

そして、映画版「仁義なき戦い」が登場人物の名をすべて原作と変えたように「カジノ」も、映画版は名前をすべて変えている。映画のスーパーで〈故郷の町〉となっていたのは、原作を読むとシカゴで、やはりボカしてある。

映画では、現在のラス・ヴェガスは〈大人のディズニーランド〉になった、というナレーションで終るが、マフィアは今でも勢力があるらしく、日本語訳の途中で、原文（タイプ原稿）に再三にわたって手が加えられ、それらはすべてシンジケートのボス関係のものだったと、訳者あとがきにある。

このコラムでは、ぼくは悪口を言わないことに決めていた。悪口を言うぐらいなら黙殺した方がいい。

ピーター・B・ハーイという人の『帝国の銀幕』（名古屋大学出版会）は〈十五年戦争〉

中の日本映画を巨視的に著述していて、〈巨視〉の部分はよいのだが、ディテイルに間違いがある。たまたま、ぼくが『一少年の観た聖戦』(筑摩書房)で扱った戦時中の邦画とダブるものがあるので今まで批判を控えたのだが、一つだけ言っておこう。

原節子に〈伝統的な日本人らしさ〉があるので〈戦意高揚映画〉のスターだったというのは大きなウソ。〈日本人らしさ〉なら田中絹代に決っている。原節子はたまたま二十代前半で美しかったので使われたのだ。

その他マチガイはいくらでも指摘できるが、一九四四年生れのアメリカ人がこういう本を書くことじたい妥当かどうか、誰も考えないのだろうか。

(96・6/6)

53　〈超〉読書法（夏休み版）

×月×日

とても便利なミステリのガイドブックが出た。

ぼくの『〈超〉読書法』では、翻訳ミステリを探すためのガイドブックとして、『ミステリ絶対名作201』と『ミステリ・ベスト201』（ともに新書館）を推した。この種のガイドブックは山ほどあるが、この二冊はまずまず信用できる。

夏休みに翻訳ミステリを読んでみようという人のために、もう一冊、すぐれたガイドブックが加わった。『ミステリー＆エンターテインメント700』（東京創元社）がそれである。

ぼくはブランドを全く信用しないのだが、東京創元社という社名には重みがある。純文学と評論しか出していなかった東京創元社が翻訳ミステリを手がけたのは、小林秀雄のすすめによる、と昔きいたことがある。とにかく、東京創元社はミステリの数々の全集を出し、ミステリとＳＦの文庫を出した。早川書房に次ぐ老舗である。

『ミステリー＆エンターテインメント700』の対象となったのは、推理・サスペンス小説、冒険・スパイ小説、ホラー、ファンタジーだが、〈推理小説専門の作家（例えばクリスティ）〉はごく少数である。そういう作家についてはすでにガイドブック（新書館の二冊がそうだ）があるからという理由である。

〈手前みそになるが、この種のガイドで、取り上げた作家の既訳全長篇にランクを付けた前例はない。これも十一人がかりだからこそ出来たことだ。〉（はじめに）

この本の売りは十一人がかりで作ったランキングにある。

はっきりいえば、ぼくは作品を☆や★で採点するのがキライである。だが、今までそう言えなかったのは、そーゆーことを最初にやったのがぼくだからである。旧「宝石」の〈みすてりい・がいど〉で双葉十三郎さんの映画採点表の真似をしてやった。二十五歳だから、深く考えなかったのだが、現在、素人同然のライターたちが名作にひどい採点をしているのを見ると、心が痛む。

しかし、この『ミステリー&エンターテインメント700』では、それさえ許される。採点に参加した十一人のレヴェルが高かったからだろう。

例えば、スティーヴン・キングを見てみる。
☆☆☆☆☆（ぜひ読んで欲しい超名作）をあたえられているのは、
『呪われた町』（集英社文庫）
『シャイニング』（上下）（文春文庫）
の二冊だけである。
もちろん、キングの他の作品も高い評価を受けているのだが、超名作はこの二冊だけで、これはぼく個人の評価とも一致する。

他の作家もパラパラと見てみたのだが、ほぼ納得のゆく評価で（フレドリック・ブラウンの『発狂した宇宙』は☆☆☆☆でもいいのじゃないか？）、一作一作のコメントも納得できる。（ちなみに評価は六段階になっている。）参加した十一人はおそらく年期の入った読み手だろう。

ぼくが読み落としている〈超名作〉もあり、早速、書庫を探すか買いに出ることにした。しかし、〈超名作〉の数はすくなく、全部読んでも大した数ではない。このキビシサもよろしい。

最近は〈××ベスト100〉をやれば、本や雑誌が売れるらしく、手軽なのが流行しているが、『ミステリー＆エンターテインメント700』はそうした軽さと無縁である。東京創元社はこういう本を出さないところで、渋く気むずかしい本作り（特にミステリは）に専念しているのだが、これは例外。初めて、納得のゆくガイドブックに出会った。

目次がないので戸惑う人もあるかと思うが、うしろに作家別の索引があって、ページがわかるようになっている。ま、五年間はラクに使えると思う。

×月×日

ミステリといえば映画である。

この二つがカップリングになる必然性はまったくないのだが、むかし、双葉十三郎さん、植草甚一さんといった〈ミステリ＆映画好き〉がいたので、子供だったぼくたちが感化され、そうなった。若い人でもそういう人が多い。

今さらとりあげるまでもないのだが、和田誠の『お楽しみはこれからだ』のPART6が出た。PART1から二十一年目だそうである（文藝春秋）。映画の名台詞とスターの似顔を組み合わせた独特の本だが、文章の方に毒（？）があって面白い。

サミュエル・フラー監督の「拾った女」について、

〈フラーは日本では無視されていたがフランスの批評家が褒めるので日本でもやっと名が知られたといった近頃の解説はウソである。〉

その通り。日本は批評でもかなりレヴェルが高かったのである。低くなったのはこの二十年ほどで、いまや、評論誌といえども間違いだらけ。ビデオで見て、海外の批評を翻訳するだけだから、そういうことになる。すべての映画をリアルタイムで見ることはできないが、ビデオだけってのは困る。歴史感覚が欠如するからだ。情報誌といい、研究誌といい、最近の映画関係はほとんど駄目。

川本三郎の『続々・映画の昭和雑貨店』（小学館）は正・続につづく三冊目だが、昭和初期から三十年代までの邦画の中の風俗・小物を扱って、マニアックきわまる。

たとえば、佃の渡しの出てきた映画といえば、ぼくは「愛のお荷物」（昭和三十年）をまず想い浮べるが、川本氏によれば、昭和二十一年の「幸運の仲間」（エノケン・シミキン）に盛大に出てくるという。ビデオを買ってみよう。

字引にも使えるが、本来はエッセイであって、少しずつ、のんびり読むのに適している。

まったく思いつきの比喩だが、和田氏は〈双葉十三郎的〉であり、川本氏は〈植草甚一的〉なのではないか。

×月×日

伊藤晴雨と竹久夢二のモデルが同一だったという『お葉というモデルがいた』（金森敦子・晶文社）は、すでにどなたかが紹介したはずだ。

この本はよく調べてあるのだが、ヒロインの内面描写をやっているのは、ノンフィクションとしてフェアなのか？　また、お葉の結婚をまとめる正木不如丘《ふじょきゅう》（スケールの大きい人物で日本の探偵小説史に必ず出てくる）について全く触れていないのは何故か？——という疑問が残った。

ほぼ同時に出版された団鬼六の『外道の群れ』（朝日ソノラマ）は、モンダイのお葉（本名ではない）をめぐる晴雨と夢二のからみ合いを小説として描いていて、張り扇の面白さがある。資料はおそらく同じものを使っているのだろうが、こちらは晴雨とお葉のSM関係を（団鬼六だから当り前のことだが）生き生きと描いている。

ノンフィクション版によれば、夢二もサディスティックな行為に出ていたというから、お葉には、よほど男性のS心をそそるものがあったのだろう。

『外道の群れ』は大正時代のアウトロウをかなり美化して描いている。それはかまわないのだが、テレビで（もう人物伝をやっていました）それを本気にしている人たちがいるのは困る。

ぼくは晩年の高橋鉄（性科学者）と南部僑一郎の両氏を知っていて、戦前アナーキズムの残党として仲が良いのに驚いたものだが、この人たちが出る前で小説は終り、後半は書かれないらしい。残念。


自分の弟だが、年に一回ぐらいしか会わないからいいだろう。

小林泰彦の『永遠のトラッド派』（ネスコ　文藝春秋）は〈ジャケット、コートの着こなしから靴選びまで……〉というサブタイトルがついている。

要するに〈トラッド〉（トラディショナルの略）、男のベーシックな衣裳についての絵入りエッセイなのだが、ぼくは個人的に巻末の〈戦後日本男性風俗史〉の部分が面白かった。川本氏の著書にも通じるもので、ボールドルック（「酔いどれ天使」の三船敏郎がそうだろう）に始まってシブカジで終る。

このシブカジというのが、今まで、わかったようでわからなかったので、このように説明されるとすぐにわかる。もっとも音楽の方のシブヤ系というのは、いまだによくわからない。

最後に、オーソドックスといえば超オーソドックス、マニアックといえば超マニアックなので、どうしようかと思っていたのだが、やはり書いてしまおう。

一九八〇年代前半に配本が始まった『日本探偵小説全集』（創元推理文庫）全12巻がやっと完結したのである。

第10巻が坂口安吾集で（鮎川哲也、松本清張が無いのもスゴい）、残りの二冊が名作集。しかも、名作集のⅡはすでに出ているのだ。

最後の一巻、「名作集Ⅰ」がこの度ようやく世に出た。岡本綺堂、羽志主人（この人知らない）、谷崎、菊池、芥川、佐藤春夫らの中に山本禾《のぎ》太郎の長篇『小笛事件』が入り、ぼくの好きな『振動魔』（海野十三）が入っている。日本のミステリの草創期の水準の高さがこれ一冊でわかる仕組みである。

（96・7／11）

54　プロたちの世界

×月×日

日本映画はほとんど死滅した、ぼくは思っている。

そんなことはない、とイキリ立つのは業界の人である。映画研究誌といったものを見ると、希望があるようなコトバがならんでいる。希望がないとわかっていても、あるかのようにふるまう。そうしないと、業界が成立しないから仕方ないだろう。

一九四〇年代から邦画を観つづけてきたぼくはほとんど死滅したと実感している。とはいえ、やはり好きだから、ビデオやＬＤで古い邦画を観る。

以前から気になっていたことがある。台湾や中国の映画人が日活のスタジオで仕上げをするという話である。音楽や音だろうが、おそらく、日本のその方面の技術が高いからだろうと思っていた。それにしても、なぜ日活で？

その疑問は一冊の本によって氷解した。

『ええ音やないか　橋本文雄・録音技師一代』（リトル・モア）という分厚い本で、橋本文雄の話を上野昂志（評論家）が聞き、まとめた労作である。六百五十頁近くある本だが、一晩で読んだ。（ヤクルトが負けたので、気分を変えるつもりが、あまりの面白さにやめられなくなった。）

まず、素朴な感想。

1　中平康監督の初期の作品はもっと評価されなければならない。

2　黛敏郎氏は〈建国記念日に演説するだけの人〉ではなかった。

橋本氏は一九二八年生れ。大映京都から製作再開の日活に入る。一九五四年、再開した日活は当時、東洋一の設備の撮影所を誇っていた。

本のパート1はこの日活時代で、内容も明るい。川島雄三の「洲崎パラダイス・赤信号」や「幕末太陽傳」、中平康の「紅の翼」、今村昌平の「盗まれた欲情」などの録音を担当する。

日活は大スターがいなかったので、脚本ができると、メイン・スタッフが先に読む。キャメラマンが意見を言い、橋本氏が〈音的な面から提案をする〉。録音技師が脚本に口を出すというのは日活でなければできなかった。こうして、「幕末太陽傳」のフランキーが仲間と遊廓に入ってきて、しゃべりながら歩くシーンの音をワンカットで録《と》るなんて、当時としては不可能なことを六、七本のマイクを使って可能にする。この工夫が非常に面白い。プロというものは、とにかく、なんとかして可能にしてしまうものだ。

（この映画の音楽が黛敏郎氏なのは有名だが、黛氏はこの回想録の中では、実に楽しい自由人として登場する。大映の溝口健二の「噂の女」の時は、爪に黒いマニキュアをしていたという。）

3　日活は〈音に対する姿勢〉が他社とはちがっていた。〈音がドラマに従属するのではなく、音がドラマの中心になるシーンも多い。〉そうした感性の監督が「狂った果実」の中平康であったと思う。

作られた音こそリアル、という発想は、場合によっては音を全く消してしまったり、役者のしゃべる声を変えさせたりする。それは〈無国籍アクション〉という日活のカラーがあったからこそ成立した、というのが橋本氏の説である。（例えば、黒澤明作品はそれ以前から〈音を作って〉いた。しかし、一社のすべてがこうした〈姿勢〉だった、というのは目からウロコである。）

こうした〈姿勢〉が、初めに書いたぼくの疑問氷解に直結する。橋本氏は中国映画人に同時録音技術を教えたこと（他にも理由があるが）で、今年、〈増谷賞〉を受けている。

パート1がプロたちの明るい結合、ケンカの果ての仲直りに充ちているのにくらべて、パート2のロマンポルノ時代は暗い。なにしろ、音楽は既成のものしか使えないのである。ただ、かつてぼくが出会った曾根中生監督が出てきたりするので、興味は深かった。

パート3は八〇年代以降、橋本氏がフリーになってからだが、澤井信一郎監督作品は別としても、「陽炎座」とか「トカレフ」といった特殊な作品に聞き手がこだわるのに橋本氏がひきずられている印象を受ける。この部分を整理してもっとすぐれた他の作品、又は中国人スタッフとの交流（その章もあるが）についての話を掘り下げて欲しかったと思う。

今では映画史から消えてしまっているが、〈中平・増村時代〉というのがあって、橋本氏はこの世代の人だということが非常によくわかる。テクニシャン中平康の演出が吉村公三郎に似ている、といった発言が、それこそ〈目で見た映画史〉として貴重であった。川島雄三と中平康が仲が良かったという証言をもふくめて。

×月×日

アンチ巨人のぼくだが、青田昇さんのファンである。

毎週月曜の夜、ラジオ日本の三時間の生放送「直球勝負」を熱心にきいている。この番組は明らかに巨人びいきなのだが、青田さんは今の巨人軍の根本姿勢に疑問を抱いていて、若手の育成を熱っぽく説いている。私心がなく、阪神の若手が良いとなると、大いにホメる。

清原の打撃について「あれじゃいかん」と言っていたのは、もう五、六年前か。青田さんの言葉が正しいのは、三年ぐらいたつと判明する。しかし、その時は、青田さんの言葉を誰も覚えていない。

青田さんは記憶もすばらしく、『サムライ達のプロ野球』（文春文庫）を読むと、沢村栄治から王、長嶋まで、二十三人のプロが、天才的な記憶力によって活写されている。（その記憶力は野球以外にも及び、先夜、「11PM」が始まったのは、という話で、立ちどころに「昭和四十年」と答えたことでわかる。）

この文庫をぼくは二冊買ったが、特に面白かったのは、青田、川上、千葉、三原監督の四人が一カ月、酒抜きでバッティングの研究会をやる〈川上哲治〉の章だった。〈孤高の打者〉だった川上が水原監督に大事にされて〈転向〉し、チームのリーダーである千葉茂を抜いて出世してゆくドラマは、どこの社会にもあることだ。川上は水原監督への忠誠を誓い、〈いままでの孤高の姿勢をガラリと変える〉。川上がどういう人間か、抑えた語りではあるが、適確にとらえられている。

〈千葉茂〉の章もいい。

青田さんは、今でも考える。

「もしあの時、川さんじゃなくて、茂やんが監督になっていたら、巨人はどうなっていたろうなあ」と。答えは、V９はなかった代りに、〈管理野球〉もなく、「もっと面白い野球が見られたのじゃないか」

そして、この文庫本の解説を、なんと、千葉茂が書いている。

千葉さんは、〈日本プロ野球の本道を歩んできた青田昇が、いまだに「野球の殿堂」入りを果していないのは、何としたことでしょう。これは歴史を歪《ゆが》めることでありますと怒っている。まったく、ひどい話だ。

千葉さんの肩書が（元巨人二塁手、近鉄監督。野球評論家）となっているのも、なんだかおかしい。アンチ巨人、巨人ファン、ともに必読の書である。

青田さん、いつまでもお元気で。朝の日本テレビは見られませんが、テレビ東京の分は必ず見ております。（青田さんはダンディで、いつも良いシャツを着ている。）

去年の暮、訳したらいいと思うとこのコラムに書いたジャネット・リーの「サイコ」回想録が翻訳された。『サイコ・シャワー』（筑摩書房）という変なタイトルだが。

橋本文雄氏は、

「ミュージカル以外に監督で気になったのはやっぱりヒッチコックでしたね。これは音の処理がものすごくうまい」

と語っている。

何かというと質問される「サイコ」、特にあのシャワーのシーンについて、ジャネット・リーが語ったものを、クリストファー・ニッケンスという人がまとめたもので、数多い「サイコ」研究書のとどめともいうべき一冊だ。ヒッチコック監督のプロぶりが主演女優の目を通して語られている。

この映画の宣伝のために来日したヒッチコックは、「この映画はスリラーではなく、ハラァ（ホラー）です」と語っていた。これ以前にホラー映画という呼び方はなかった。

『ミスター・ワンダフル　サミー・デイヴィス・ジュニア自伝』（文藝春秋）も、サミーの日本公演を見ている世代にとっては楽しい一冊である。（どういう人かって？　俳優辞典でもひいてみてください。）

つい最近、NHK・BSでシナトラの八十歳のバースディ番組（なぜかカット版、本当はラソーダ元監督などが出てくる）をやったが、ある時期、シナトラがサミーと不仲のように見えた理由がやっとわかった。芸人として下り坂にさしかかったサミーはコカインをやっており、シナトラは〈ヤク〉をやるサミーに失望していたのである。

このあと、二人がライザ・ミネリを加えてツアーをし、日本にもきたのはご承知の通りだが、サミーの名は若い人には遠くなっているだろうと心細く思う。

（96・8／29）

55　荷風と東京と女たち

×月×日

川本三郎の『荷風と東京「斷腸亭日乘」私註』(都市出版株式会社)を読み上げる。三日かかった。

本のオビに〈ライフワーク〉とあるが、ぼくは雑誌「東京人」連載中から読んでいて、川本氏の代表的な仕事になるだろうと予感していた。

永井荷風についてはもう新しい論考は出ないだろうと思っていた。ただし、一つ手があって、これは谷崎潤一郎との対比でないとできない。

そうこうするうちに「図書」にすぐれた荷風・潤一郎論がのり始めたので、ぼくはやめてしまった。誰も読まないだろうという気もする。神戸の大震災・オウム事件以後、本が急速に売れなくなり、時代小説とミステリ以外はお呼びでない雰囲気がある。

川本氏は〈よくある文学論、作家論にはしたくなかった〉と、あとがきに書いている。荷風の日記「断腸亭日乗」から荷風の文学、生活、生きた時代と東京の細部を浮び上らせる——というのが川本氏の方法で、アイデアそのものはびっくりするようなものではないのだが、映画・文学・そして東京を歩くという氏の好み、そのしつこさがプラスに作用して、出色の荷風研究書になった。荷風の私生活について書く時、ジェリコの壁のように立ちふさがる秋庭太郎の荷風考証四部作も、この方法だと迂回できる。

たとえば、〈山形ホテル〉の章。麻布の偏奇館に移った荷風は、大正九年秋、近くの山形ホテルの食堂へ行く。

以後、食事だけだったり、女を連れて行ったりと、山形ホテルを利用するのだが、このホテルのオーナーの息子が俳優の山形勲で、川本氏は山形勲にインタビューしている。このフットワークの軽さ！ 山形勲が今年の六月に亡くなったことを想えば、ぎりぎりの取材である。

ぼくなりの表現をすれば、これは大正・昭和初めの東京地図に現在の東京地図を重ね合わせる作業である。従来の研究であれば、麻布市兵衛町の偏奇館とだけ書くところを川本氏は偏奇館の位置（全日空ホテルのアークヒルズの近く）から説明して、現在でも奇蹟的に静かな土地であることを細かく描き、こう書きそえる。

〈……偏奇館跡から崖下に降りる御組坂では大きな蛇が一匹ゆっくり坂道を横切っていた。〉

荷風の隅田川への憧れはおそらく江戸文学からきたものであろうが、それは血肉化されている。しかし、隅田川はすでに汚れ、あたりの風景も近代化されて、倉庫が多い。その時、荷風は〈第二の深川〉として〈砂町〉を、〈もうひとつの隅田川〉として〈荒川放水路〉を発見した——という指摘は新しいし、正しいだろう。放水路について荷風が文章を発表したのは昭和十一年。

しばしばケチと噂された荷風の生活が金利生活者の正しい在り方だったこと（「ランティエの経済生活」）、食べ物をめぐっての荷風と潤一郎の違い、など教えられたことも多い。もっとも荷風の〈淡泊な〉食事は当時としては普通であって、谷崎が異常な美食家だったのである。その谷崎にしても、エッセイの中であれほど攻撃した東京名物のタタミイワシを晩年うまそうに食べていた、と伊吹和子さんから聞いたことがある。

荷風の晩年は〈人が思っている以上に幸福だったのではないだろうか〉と川本氏は書いているが、これも同感。敗戦後に本を出し過ぎたといった人があるらしいが、ハイパー・インフレの時代だったことを知らないのか。

『濹東綺譚』に描かれた玉の井がファンタジー（川本氏によれば〈ユートピア〉〈別世界〉）だという説も首肯される。その説を支えるだけのデータが詰め込まれており、見事な仕事だと思った。

×月×日

久々に映画館へゆく。（荷風がプレスリーの「やさしく愛して」を見ていたのを川本氏の本で初めて知った。ちなみに荷風が最後に見たのは、アステア、オードリー・ヘプバーンの「パリの恋人」。）

映画は「リービング・ラスベガス」。ヒロインの娼婦になるエリザベス・シューが出色の演技で、帰りにジョン・オブライエンの『リービング・ラスベガス』（角川文庫）を買った。

重いアル中の主人公ベンがロスを去ってラスベガスへ行く理由が本を読んでわかった。ラスベガスはバー、酒屋ともに二十四時間営業なのだ。

若いころ、アル中の友人が何人かいたが、ホンモノになると、女性への興味がなくなるらしい。カウンターで、「こうやっていると、グラスの向うの世界はどうでもよくなるんですよ」と目を細めて言った年長の人はどうしただろう？

映画でのベンはストーリーにめりはりをつけるために暴れたりするが、小説の中のベン（作者の分身）は時々倒れ、気を失うだけで、あとは静かである。仕事をクビになり、酒を飲んで死ぬためにラスベガスに来たのだから、こわいものがない。娼婦のサラは（生き抜いてやる）という人間だが、恥ずかしい思いをさせられたあとは、優しさに触れたくなる。生を放棄したベンも、さすがに他人と話ぐらいはしたい。こうしてファック抜きの同棲が成立するのだが、作者のジョン・オブライエンがアル中だけに、ベンに関する描写はすさまじい。文学として一読の価値がある。

この小説は二千部しか売れず、オブライエンは映画化決定の二週間後に拳銃で自殺した。部屋にあったのはウォッカのボトルとピザの箱のみ。死亡記事さえ新聞にのらなかったという。

選挙が近いせいか、『経世会死闘の七十日』（大家清二・講談社）が書店に積み上げてある。

去年の暮に出た本だが、経世会内の暗闘を描いて、これほど生々しい本はないだろう。（著者は仮名らしい。）

要するに、首相は次々に代っても、〈変わらないのは、政治の中枢を占めている人たちがかつて竹下派に所属していた人たちであること〉である。〈攻めるも守るも経世会という構図〉。

その結果、もたらされたものは〈政治の混迷〉と〈政治に失望したいわゆる無党派層の出現〉である——と、この種の本にしては（失礼ながら）腐っていない。

ぼくを含めた〈無党派層〉は政治のシロートだから、失敗（先の都知事選）もするが、学習もしますからね。あまりバカにしない方がいい。

×月×日

すでにどなたかが書いておられたが、五百五十ページ以上の『AV女優』（永沢光雄・ビレッジセンター→文春文庫）はフシギな本である。後世のための資料という気がする。

ぼくがAVをよく見ていたのは八年前、事情があってアパート住いをしていた時で、三本に一本はAVを借りた。

そういう人間だから、ここに出てくる何十人というAV女優はひとりも知らない。永沢氏のインタビューも、本にすることを考えてのことではないから、ちょっと文学青年風というか、そーゆーところがある。

いずれもＡＶ誌にのったインタビューだが、〈五十年たちゃ貴重な民俗資料だ〉と言い出したのは大月隆寛氏で、出版が決った。

この興味深さというのは、ラジオで身の上相談や告白をきくのに似たものがある。ラジオでの告白の方がショックを受けることが多いが、それは活字とライヴのちがいだろう。それにしても、〈良家の子女〉がＡＶに出ていたりするのは当世というものだ。

余談だが、『荷風と東京』でつくづく思ったのは、東京における私娼の多さである。コギャルが援助交際を求めてけしからんと識者は言うが、彼女たちは（世が世であれば）公娼、私娼で稼ぐ人たちで、たまたま中学や高校へ行っているだけなのだ。

（「リービング・ラスベガス」のヒロインは、料金ぶんのことは必ずしてみせるというプロ根性を持っているが、そんな娼婦はめったにいないだろう。）

娼婦は永遠になくならないが、ＡＶ女優はいずれ消えてゆく職業で、そのハカナサが本全体ににじみ出ている。五百五十ページ以上読んでも、ハカナく、哀しい後味だけが残る。質は量に支えられるという言葉があるが、この本はまさにそうだ。

村上龍と山田詠美は気に障らないが、村上春樹はきらい、なぜならセックスをきれいに書こうとする、本当はセックスを汚いと思っているにちがいない、という〈批評〉（氷高小夜）が、なんとなく面白かった。彼女が村上春樹氏をきらうのは別な理由のような気がするからだ。

メアリー・パット・ケリーの『スコセッシはこうして映画をつくってきた』（文藝春

秋)、良い本なのだが、スコセッシという表記はこれでいいのだろうか。かつてNYで東宝インターナショナルの女性(イタリア系)にきいたら、「スコセージかスコシージでしょ」と答えたけどね。

飯島裕一の『疲労とつきあう』(岩波新書)は気軽に読めて、かつ面白い。こまかいところで異論もあるが、とにかく、疲れたら休め、というのは明快だ。若者・女性にひろがるアルコール依存症の話が興味深い。

(96・10／3)

56 『蒲生邸事件』と『日本のアクション映画』

×月×日

宮部みゆきの『蒲生《がもう》邸事件』（毎日新聞社）は、題名からして江戸川乱歩、甲賀三郎といった昭和初期レトロのにおいがあり、読書ごころをそそられる。

地方から受験のために上京した孝史《たかし》は平河町一番ホテルにチェックインする。このホテルはかつて蒲生という陸軍大将の洋風の邸宅であり、蒲生大将は二・二六事件の時に自決している。洋館は戦後、ホテルになった。孝史はエレベーターの右脇の壁にあるセピア色の写真と解説から、そういった成り立ちを知る。

このホテル（もちろん架空のもの）は怪しいことが多く、妙な中年男が出没している。やがて火事が起る。焼死寸前の孝史はその男に救われ、辿りついたのは昭和十一年、二・二六事件の中の蒲生邸であった——というのが発端である。

作者の狙いは、まずリアルタイムで見た二・二六事件を描くことにあったと思われる。現代（一九九四年）の少年が見ることによるカルチャーギャップ（洋館の中に水洗便所と昔風の便所が共存するとか、当時の便所の紙の種類とか）がよく描けているし、なによりも一つの家庭の中から見た二・二六事件という発想がこの作者らしい。

さらに、洋館の中で殺人事件が発生する。雪の中の洋館という古典的な環境の中で一種の密室殺人が可能になった。

二・二六事件とタイムトラベルと殺人事件という欲ばった小説だが、昭和十一年にすでにこの世に存在したぼくが興味を抱いたのは、少年を過去につれてゆく平田というタイムトラベラーであった。

平田が（承知の上で）なぜ厄介な二・二六事件の渦中におり立ったのかという謎は、少年の目を通して、読者に何度も提示される。

ふつう、タイムトラベルは、過去のある時代への執着（広瀬正の『マイナス・ゼロ』）からか、主人公が歴史を変えたい願い（例えばケネディ暗殺の阻止）からおこなわれることが多い。しかし、平田の場合は、どうもちがうようである。

平田は独自の歴史認識を持っている。過去の細部を変えたところで、歴史の流れは変らないというものだ。つまり、二・二六事件を止めようとか、そういった考えは平田にはない。

では、なぜ、平田は二・二六事件の時の蒲生邸におり立ったのか？　この謎にぼくはひっぱられた。

そして、謎が解かれるのは小説の終りの方であり、平田が少年に告白する言葉はきわめて感動的である。

宮部さんはエンタテインメント小説において大切なのは〈単なる筋運びの面白さ以上

の付加価値〉であり、〈この付加価値の部分にこそ、その作家独自の色合い〉がある、と別な場所に書いていた。

以下は、ぼくの推理なのだが、宮部さんはエリートのおごりを許せない人なのではないかと思う。小説以外での発言から見ても、そのことは明らかな気がする。そして、平田の告白には、そうした作者の思いが反映しているようである。

――といったことをぼくが思ったからといって、この小説はむずかしいものではない。きわめて読み易く、ロマネスクという言葉がふさわしい。ただミステリとかSFとかいったジャンルを超えているから、ジャンル分けにこだわる人は途方にくれるかも知れない。(これからは、こういうノン・ジャンルの小説が多くなるだろう。)

ぼくが嘆息したのは伏線の張り方のうまさである。ミステリ出身の作家だから当然という人がいれば、それはシロート考えであって、タイムトラベル物の場合は伏線の張り方がちがうのである。

例えば――小説の初めの方で、(火事の前に)平田が非常階段から姿を消す場面がある(二十三ページ)。これまた、なぜそんなことをしたのか読者には全くわからない。そして、この謎が明らかになるのは終章(四百九ページ)にいたってからだ。この謎は小説全体の中では〈小さな謎〉なのだが、しかし、こういうところが小説を光らせるのである。いわゆる〈フィニッシュを決める〉というやつでしょうか。

×月×日

西脇英夫の『日本のアクション映画　裕次郎から雷蔵まで』（現代教養文庫）を読む。

これは一九七六年に白川書院から出た『アウトローの挽歌』という名著の文庫版である。白川書院版には「黄昏《たそがれ》にB級映画を見てた」というカッコイイ副題がついていて、ぼくはくりかえし読んだ。その本を加筆訂正して、各章の見出しを変えたのがこの文庫版である。

映画愛好家なら必読の一冊であることを保証する。ぼくは白川書院版と照し合わせて読んだが、内容は少しも古びていない。映画の本でこれは珍しいことである。

まず日活のアクション映画から始めて、東宝と東映と大映（時代劇）のアクション映画の戦後史を語り、「仁義なき戦い」で終る。日本映画のプログラム・ピクチャーはほぼ「仁義なき戦い」あたりで終っているので、これで充分。戦後のアクション映画を各社ごとに論じた本はこれ一冊だけというのも驚くべきことである。

中でも、演技者として小林旭を評価した部分、雷蔵の時代コメディに光をあてた部分が、西脇氏の観客としてのキャリアを感じさせる。

スティーヴン・キングの四部作が『ランゴリアーズ』と『図書館警察』として文藝春秋から出た。『ランゴリアーズ』の方を読んでみる。

「ランゴリアーズ」と「秘密の窓、秘密の庭」の二作をおさめているが、キングらしく手に汗にぎらせるのは「ランゴリアーズ」である。

とにかく、ジャンボジェット機で、十一人を残して乗客がすべて消滅しているという発端には息をのむ。乗客の全員消滅はトニー・ケンリックのミステリ『スカイジャック』があるが、キングのはどうもちがうらしい。

十一人の中には、(出ました!)盲目の超能力少女とミステリ作家がいて、作家はミステリ的立場から消滅の可能性を一つずつ消してゆく。こうなればもう、「ミステリー・ゾーン」式解決しかないのだが、そこまで持ってゆくキングの腕力がすごい。つまり、「ミステリー・ゾーン」をバイロン・ハスキンが監督したと思えばいい。(注=バイロン・ハスキンのある映画をキングがイメージしていることが、中に長々と書いてある。キングはその題名を書いていないが、「黒い絨毯」である。一九五四年のあの映画で、蟻の大群が近づいてくる音が小説の題名とからまっている。)

キングが一九五〇年代のゲテ物映画を愛好しているのがよくわかる。

×月×日

パトリシア・ハイスミスの遺作というので大事にとっておいた『スモールg《ジー》の夜』(扶桑社ミステリー)には、はぐらかされた。

ＨＩＶ陽性のゲイの主人公の恋人(男)が殺される。半年後、親しくなった青年がまたしても重傷を負うのだが、これらの事件は一向に解決されない。現実はそうかも知れないが、小説としては不親切でしょう。

主人公がＨＩＶだというのは医者の嘘で(これは問題でしょうが)、不幸だったルイーザという娘も金持になる。要するにハッピーエンドなのだが、ハイスミスも歳でこういう心境になったのか。

たとえば『孤独の街角』など、ラストの殺人がない方が良いくらいで、フッー小説、文学として読みごたえがあったのだが、この遺作はちょっと……。

それにしても、未訳の作品がまだあるので、早く出して頂きたい。『太陽がいっぱい』のトム・リプリー物だけで、あと二冊あるのだ！

年に一度しか会わないとはいえ、自分の弟の本はとりあげにくい。でも、まあこれは地味な本で、出版社が名古屋だったりするので、紹介だけをさせて頂く。（そういえば、『日本のアクション映画』さえ、なかなか本屋になかったのだ。）

小林泰彦の『むかし道具の考現学』（風媒社）がそれである。小学校のころから〈道具好き〉だった弟は8ミリ映画撮影機を分解して叱られたという。太平洋戦争中のことであるが、そんなことあったかな。

日本とネパール、スイスなどのアウトドア用具のイラスト入り考察で、日本に限っても、カンジキ、スカリ、バンドリ、ネコダ、ショイコ等々、大体の名前は知っているが、実際はいろいろ種類があることがわかる。「ＯＵＴＤＯＯＲ」誌の連載を加筆訂正したものである。

（96・11／7）

57　冬休みにはなにを読むか

×月×日

太平洋戦争を体験した人たちの一部が、昨年の〈関西大地震・オウム事件〉以後の日本を〈第二の敗戦状態〉と呼び始めている。

実はぼくもそう思っている。そんなのは〈一部の人たち〉ではないかと揚げ足をとられるかも知れないが、この世代の方々の多くは亡くなり、あるいは発言の機会を持てないでいる。

日本の官僚組織がここまで腐敗したのは、戦前にもなかったことではないか。大地震・オウムは日本の地殻変動の前ぶれにすぎなかったらしい。

テレビを見ると身体に悪いのだが、ニュースショウだけは見る。すると、〈小選挙区制推進男〉福岡政行が肥って、しかもニヤニヤしながら、もっともらしいことを述べている。おまえは〈小選挙区制戦犯〉じゃないか！

福岡政行、筑紫哲也キャスターなどは、小選挙区比例代表並立制の良さをテレビの画面でキャンペーンした戦犯である。そう怒っていたら、田中康夫氏が「週刊プレイボーイ」の連載で、この問題を論理的に説いていて、彼らを〈メディア追放〉にしたらいい、と書いているのに気づいた。この社会時評はとても面白い。

ここで菅直人を持ち出すのは、いかにもの感があるのだが、この元厚相の『日本大転換』（光文社）の内容は、

〈官（僚）を抑えるためには、政（治家）が働かなければならない〉

という一言に尽きる。

ご当人がそう書いているのだが、他にも、

〈バブルのつぶし方が悪かったのではなく、そもそもバブルをつくったことが大きなまちがいだったと思う。〉

といった至言にみちている。

菅氏は戦後五十年のうち、後半の二十五年が間違いだったと考えているが、ぼくは三十五年ぐらいが狂っていたと思う。

だから、官僚の頭の中は高度成長時代のままで、〈高度成長→バブル経済〉が正しい、というか、ノーマルな状態だと信じている。だいたい国民から絞りとった血税のおかげで自分たちが存在しているという意識がない。この一年間、ぼくは実生活上の歯ぎしりするような状態の中で、このことを頭に叩き込まされた。春から秋にかけてのウツ状態の自分を絶対に忘れない。

ここらで、いつもの調子に戻そう。

パトリシア・ハイスミスの『愛しすぎた男』（扶桑社ミステリー）は、冬休みの読書に好適で、一冊だけといったら、これを挙げたい。

この本にはストーカー云々のコピーが付いているが、そこらにゴロゴロしている〈ストーカー物〉ではない。だいたい、一九六〇年の作品が最新作のように読めるのが只事ではないだろう。

物語の主人公のデイヴィッドはアナベルとの結婚を夢見ている。ところが、アナベルは結婚しているのである。

デイヴィッドとアナベルは、かつては肉体関係があったのだが、今は完全にない。ところが、デイヴィッドは（いつかアナベルが戻ってくるはず）と考えて、週末を誰も知らない一軒家ですごす。そこは仮想世界でのアナベルとの愛の巣なのだ。

ずいぶん変な話だが、ま、ここまでは、いつものハイスミス・キャラクターである。つまり主人公は向うの世界とのボーダーラインの上にいるわけだ。

ところが――である。このあとが違う。デイヴィッドはアナベルに手紙を出し、返事がこないと、彼女に会いにゆく。夫が出てこようが、おかまいなし。しかも、アナベルには赤ん坊が生れているのだ。（二人はいつか結ばれる）という確信、思い込みの世界である。

もちろん、これは〈愛〉ではない。〈固執〉〈強烈な妄想〉なのだが、こうした人物（今は日本にも多い）を一九六〇年に創作しているハイスミスはえらい！

パトリシア・ハイスミスの作品は文学だとぼくは信じている。たまたま、『見知らぬ乗客』と『太陽がいっぱい』が映画化されたのでミステリ作家に分類されたが、彼女は〈人間の中に封じ込められた危険な要素〉を描く作家であり、当然、サスペンスが生れる。サスペンス＝ミステリ作家という見方は短絡しているので、彼女はヨーロッパに移住した。

さて、アナベルの夫が激怒するのはあたりまえで、ここから事件が起るのだが、①激しい思い込み、②架空の人物になりすます――というハイスミス文学の二大切り札が使われているので、面白くないはずがない。

ただし、ラストは少々物足りない。そこだけが一九六〇年という時代に拘束されている、とぼくは見た。

×月×日

久しぶりにエリカ・ジョング女史の作品を読む。

エリカ・ジョングの『飛ぶのが怖い』の邦訳が新潮文庫で出たのは、もう二十年以上まえになるだろう。ちょうど〈翔んでる女〉といった言葉が流行していて、文庫本は日本でもずいぶん読まれた。自伝的小説で、作家はなかなかの美人だった。

この本は〈ジップレス・ファック（自己を解放してくれるセックス）〉をキーワードにして、ヒロインが自由を求めて飛ぼうとしてジタバタする光景を質の良い笑いで描いていた。一般的にはポルノ風に読まれたのだが、ぼくはユーモアの方で覚えている。

その後、『あなた自身の生を救うには』と『ファニー』が新潮社で、『ブルースを、ワイルドに』が文春文庫で出ているのだが、『飛ぶのが怖い』のインパクトがあまりに強かったので、いまいちぱっとしない。その事情はアメリカでも同じらしく、ジョングは『五十が怖い』で自伝執筆にふみ切った。第一作が大ヒットすると、あとがこわい好例である。（日本でも彼女の詩集が出ていたのですね。知らなかった。）

この本が書かれたのは『ブルースを、ワイルドに』の前で、一九九四年。

〈わたしはメソッド・ライター、すなわち何かを書くときには、その何かを経験しなければ書けないタイプの作家だ。〉

とわざわざ断る人だから、自伝は面白いに決っている。邦訳はなんと小学館から出ていて、一段組みで上下二冊。実にすらすら読める。

〈ジップレス・ファック〉で大ベストセラーを放った〈わたし〉も五十になる。どこへ行っても、他人は〈ジップレス・ファック〉のことしか言わない。五十歳の誕生日を前にして気分は落ち込み、これでいいのか、と不安である。

不安から、ものすごい饒舌になる。ぼくの感想をいえば、典型的なユダヤ人のしゃべり方で、両親のこと、生い立ちから始まって、セックス、名声が怖い、子供のこと、どうすれば結婚できるか等々を、いっきに語る。中でも、とび抜けて面白いのは〈わたしはどのようにしてユダヤ人になったか〉の章で、いろいろと勉強になったが、とにかく、どの章もユーモアとウイットに溢れているのがすばらしい。これは中年女性向きの一冊（いや二冊）でしょう。

アラーキーこと荒木経惟が『荒木経惟写真全集』（平凡社）を出していて、手元に十一冊あるが、この中で一冊を、といえば、『陽子』（3巻）をえらぶ。

最近は「ゴダールとアラキが好き」みたいなえせインテリ女が多くて、荒木さんの写真集、しかも『陽子』を推賞するのはためらわれるのだが、しかし、良いものは良いもんな。

最初に電通の女子社員たちを撮った記念写真がある。中央に陽子さんがいるのだが、これが全然きれいじゃない。ひとことでいえば、やがて荒木夫人になる陽子さんは、アラーキーに撮られることによって魅力的になってゆく。暗い目つきの陰気な女の子を自分のパートナー（それも公私にわたってだ）に選んだアラーキーの眼力はそうとう凄いと思う。陽子さんが変化するにつれて、アラーキーの写真術もエスカレートしてゆく。理想的な在り方ですけどね。

ぼくの記憶では、二人とも血液はA型で、陽子さんは「荒木は人にサービスをするためにずいぶん無理をしている」と語り、アラーキーは夫人の死後、「結局、アタシがガキだったんですよ」と夫人の忍耐力をたたえていた。

ぼくは十一冊、全部見たが、定評のある東京風景（良いに決っている）の中にも陽子夫人が一枚だけ入っていたりする。そういえば、陽子さんは人形町の肉屋「日山《ひやま》」でアルバイトをしていたと言ってたっけ。

穐吉《あきよし》敏子（ぼくの知っている名前で書けば秋吉敏子）の『ジャズと生きる』（岩波新書）は、シックス・レモンズ（フランキー堺がいた）から自分のコージー・カルテットを経て渡米、アメリカでジャズ・ピアニストとして苦闘する半生を綴ったもので、これを読むと、黒人の真似みたいな恰好をしてヒット曲を出している日本の〈ソウル・シンガー〉は甘い生活をしていると思う。

どうでもいいことだが、テレビでのちょっと見では、赤坂泰彦と栗本慎一郎は似ていないだろうか。もちろん、赤坂の方が顔も声もずっと良いのだが。

（96・12／12）

58　ハイスミス翻訳のラストスパート

×月×日

パトリシア・ハイスミスの『ガラスの独房』（扶桑社ミステリー）の解説に、いよいよ〈ハイスミス紹介のラストスパート〉に入ったという表現がある。

なるほど、ハイスミスの長篇で翻訳がないのは、あと三冊。このうち二冊は翻訳中とのことだから、残るのは“A Game for the Living”一冊だ。

もう一冊、問題なのは筑摩書房が絶版にしている『変身の恐怖』で、これは河出書房新社か扶桑社で文庫に入れたらどうだろうか。（現在、ハイスミスの翻訳は主としてこの二社がおこなっている。）

やがて、ハイスミスの長篇すべてが本棚にならぶと思うと嬉しい。

『ガラスの独房』は、ごく普通のインテリ建築技師が無実の罪で投獄されているのが発端である。

文庫で四百ページの長篇の半分近くが獄中の描写だ。ぼくは小説でも映画でも刑務所ものが苦手で、すべてパスしてしまうのだが、ハイスミス女史とあれば、話は別である。

とはいえ、つまらなければ、途中で投げ出してしまう。刑務所内の陰惨な描写が読ませるのは、きわめてノーマルな主人公の疎外感が描けているからだと思う。六年間の獄中生活で、ノーマルな主人公が歪んだ〈ハイスミス的キャラクター〉に生れかわる。主人公の妻は弁護士と関係している。それ以外にもいろいろな人間関係があって（とボカしておく）、主人公の出獄ということになる。

主人公は獄中であること（ホモ関係ではない）を体験している。つまりは、別な人間に近くなっており、主人公の妻はそれに気づく。ニューヨークの街に放たれた主人公は何を考え、何をしようとしているのか。

『太陽がいっぱい』の主人公トム・リプリーは倫理感のない青年として設定されていたが、『ガラスの独房』の独創は、ノーマルな人間から倫理感が欠落してゆくプロセス、そして、（自分には倫理感がない）と自覚した主人公の行動を描いていることだ。ハイスミスとしては中ぐらいの出来だが、一九六四年の作品とはとても思えない迫力である。

ハイスミス・ファンには Must です。

トム・リプリーの登場する作品は全部で五作。発表順に書くと――。

『太陽がいっぱい』（一九五五年）
『贋作』（一九七〇年）
『アメリカの友人』（一九七四年）

『リプリーをまねた少年』(一九八〇年)

"Ripley Under Water" (一九九一年)

となるのだが、今月は『リプリーをまねた少年』も訳されている(河出文庫)。映画「太陽がいっぱい」は主人公がつかまるのを暗示して終るが、原作ではトム・リプリーは逃げおおせる。

それからのトム・リプリーはヨーロッパで家庭をかまえ、静かに暮している。リプリーが行動する時はまき込まれるか、犯罪者的好奇心から動くかで、知能犯の主人公としては非常に風変りである。(ハイスミスの作品の主人公はすべて風変りといえば、そうにちがいないのだが。)

『リプリーをまねた少年』は、シリーズの中でも異色である。トム・リプリーが一少年に感情移入してゆく姿は、今までのトム・リプリーらしくない。リプリーが犯罪をおかすのは、訳者も指摘しているように、

〈己の安楽な生活の平穏さを乱すものを憎む〉

のが唯一の動機だからである。トム・リプリーがわれわれにとってわかり易く、親しめるのは、こうした小市民感覚(といっても金持なのだが)の人物だからでもある。

だが、この小説ではちがう。

リプリーに親しく接してくるアメリカの少年フランクは、父親を殺している。少年がリプリーとちがうのは罪悪感を持っており、自殺しようと思いつめていることだ。

リプリーが少年を救えるかどうかがこの小説のヤマなのだが——もちろん、ここでは

伏せておく別な趣向も用意されている——、要するに、これは同性愛じゃないか、と気が短いぼくは思ってしまった。

そもそも、映画版『太陽がいっぱい』公開のときに、日本でさえ、あの主人公は同性愛者だとささやかれていたではないか。

ハイスミスがレスビアンなのは有名なのだが、この小説はそこらがあいまいにされている。そこがはっきりしていれば、リプリーが〈他の作品に見られない優しさと正直さ〉を見せるのが、理解し易いではないか。

こうなると、最後の“Ripley Under Water”がぜひ読みたい。早く訳してください。

×月×日

ホラー小説の大家スティーヴン・キングは、いまや、マドンナのようなブランド・ネームだという。

そこらの事情は、日本人にはいまひとつわからないのだが、『必携スティーヴン・キング讀本　恐怖の旅路』(ジョージ・ビーム／文藝春秋)を読むと、なるほど、アメリカではそういうことかと納得できる。アメリカの現実の反映なのだ。

キングの処女作『キャリー』について、ごく最近、ある人が、これは〈いじめ〉を本気で取り上げた小説だと書いていた。そういわれれば、そうでした。

この本は第一部がキングのこれまでの歩み、第二がキングについてのマニアックな情報、第三部が作品解説になっているのだが、ぼくはこの第三部が面白かった。

なにしろ、キングが日本に紹介されて二十年余、かつて『呪われた町』の面白さを人に語ったのは新宿のバーであった。読みなさい読みなさい、と強制すると、相手（編集者）は、「そういえば、ドラキュラが日本にくる小説が編集部にきていた」と語った。『呪われた町』は一九七五年の作品、『シャイニング』は一九七七年だ。その二つがズバ抜けているとぼくは思っていたのだが、この本を読むと、やはりそうらしい。ジョージ・ビームはキングの〈三大作品〉として、この二作と『ザ・スタンド』をあげている。『ザ・スタンド』は一九七八年の作品だが、一九九〇年に〈完全無削除版〉が出ていて、目下、翻訳中らしい。深町眞理子さん、がんばってください。

第一部、第二部がそれほどでもなかったのは、少し早く、風間賢二の『スティーヴン・キング　恐怖の愉しみ』（筑摩書房）を読んでいたからで、こちらの本の第一部（伝記）はジョージ・ビーム本の第一部と重なり、第三部（キング作品の世界）はジョージ・ビーム本の第二部と重複する要素があるからだ。

風間さんが変っているのは、ずっとキングを莫迦《ばか》にしていて、ある日突然めざめ、遂にはキングが住んでいるメイン州へ行ってしまう。それが第二部の〈メイン州探訪記〉で、二度も行っているのはふつうではない。行くだけではなく、どの小説の舞台（町）がメイン州のどこかを調べてゆくので、マニアック度において、日本人によるあらゆるキング論をしのぐだろう。

×月×日

川本三郎の『君美《うる》わしく』（文春文庫）はサブタイトルに〈戦後日本映画女優讃〉とあるように、十七人のスター女優へインタビュー集だが、著者が記憶とビデオで武装しているので、相手も心がほどけ、映画史的に貴重な証言をしている。面白い話が一杯あるが、一つ一つ書いていたらきりがない。

ぼくが、うーんと唸ったのは、溝口健二監督が木暮実千代を見ていて、若尾文子に語った言葉である。

「官能的だろう」

「女優っていうのはね、芝居なんかできなくたっていい。官能的でさえあれば女優っていうのは価値があるんだ」

奥深い言葉である。

それは昔の話、という人がいれば間違いだ。今だって素材はいるのだが、こういう監督がいない。そのために、テレビドラマで使いすてられている女優がいる。

往年の東映の監督小沢茂弘を高橋聰がインタビューした『困った奴ちゃ』（ワイズ出版）はフシギな本であるが、かなりの量を占める写真が面白い。

とくに、日活の渡り鳥シリーズのヒットを真似て、東映が製作した『アマゾン無宿』二作の写真には笑った。当時（一九六一年）、友人が見てきて、小林旭の役を片岡千恵蔵が演じ、宍戸錠の役を進藤英太郎が演じていたというのだが、スチル写真を見て、その

〈変さ〉、珍妙さがわかった。

今月は、そのほか、ずっと前に出ていた矢野誠一の労作『志ん生のいる風景』（青蛙房）や三田純市の分厚い『昭和上方笑芸史』（學藝書林）を読んだので、どっと疲れが出た。宝島社の『アイドル探偵団'97』を読み（これは趣味）、中野翠の『クダラン』（毎日新聞社）から田中貴子の『日本古典への招待―古典を楽しむ九つの方法』（ちくま新書）まで読んだ。

それにしても、まともな本が入手しづらくなっている。三田純市の本は神保町の東京堂で、やっと一冊見つけた。四年前の本とはいえ、読む前の手数が大変だ。

（97・2／7）

59 なにはなくとも、ハイスミス

×月×日

渋谷のSUMIYAにビデオを買いに行き、ついでに同じビル内の書店に入ると、パトリシア・ハイスミスの『ヴェネツィアで消えた男』(扶桑社ミステリー)があったので、すぐに買う。

ついでに書けば、以前、講談社文庫で出ていたハイスミスの『プードルの身代金』(絶版)の新訳が扶桑社ミステリーで出た。題名は『プードルの身代金』と、同じです。『ヴェネツィアで消えた男』巻末の作品リストを電車の中で見る。

あと、扶桑社ミステリーで一冊、河出文庫でリプリー物が一冊出ると、ハイスミスの長篇は全訳される。ぼくはそれでよいのだが、角川文庫の『見知らぬ乗客』と筑摩書房の『変身の恐怖』が〈絶版〉になっている。読者のためにこれはなんとかしてもらいたい。

(注・のちに、『変身の恐怖』はちくま文庫に入った。)

さて『ヴェネツィアで消えた男』だが、発端の設定にまずうなった。

妻が自殺した男とその義父（妻の父）がヴェネツィアで憎み合う。妻ペギーの自殺は原因不明なのだが、夫のレイとセックスはうまくいっていた。（ハイスミスには珍しく女の性の描写がある。）レイは画商で、ペギーは画家志望の、うぶといえばきこえがいいが、ちょっと幼稚な女だったことがほのめかされている。

ペギーの父のコールマンはペギーをかわいがりすぎていたようである。ペギーの死の責任はレイにあると見て、レイを殺そうとする。それも何度も。

こういう人物設定には溜息が出てしまう。設定と舞台（なんたってヴェネツィアだ）だけを見て、映画化を考える人物がアメリカとヨーロッパに多くいるのがよくわかる。この文庫本にはハイスミスの映画化・TV化作品のリストが付いていて、全部で十六もあるのですね。

ハイスミスは非常に映像向きに見えて、ちがうのではないかとぼくは思う。前半は映像向きとしても、後半がちがうのだ。

この小説でいえば、コールマンもレイも、ともに〈この世界から消え去る〉ことを考えている。かりにレイに感情移入したとしても、レイはこちらの予想通りに動いてはくれない。レイもコールマンも善悪で律しきれない人物だからである。（この作品は一九六七年のものだが、時代のズレを全く感じさせない。）

彼女の小説の後半は映像ではたいがい失敗する。だから、ヒッチコックは『見知らぬ乗客』のラストに、クリスピンの『消えた玩具屋』をくっつけた。ルネ・クレマンは『太陽がいっぱい』のラストを変えた。

『ヴェネツィアで消えた男』の後半、男二人の愛憎のからみ合いはミステリの枠をはみ出している。つまり、これは人間のドラマなのである。

余談になるが、サン・マルコ広場の描写に触れて、ぼくは二十数年前、夜明け近くのこの広場で、コーヒーを飲みながら、無数の鳩の羽音をきいていたのを想い出した。その時、ぼくは〈この世界から消え〉たいと思っていたのだった。

×月×日

矢野誠一の『落語家の居場所　わが愛する藝人たち』(日本経済新聞社→文春文庫)は、昭和三十年代の落語の黄金時代をバックに、志ん生や文楽や可楽の想い出を描いたもので、特に、志ん生の部分が圧巻である。先月、同じ著者の『志ん生のいる風景』を読んでいたせいかも知れない。

最後の高座から死ぬまでの五年間、志ん生が落語の稽古をしていたというのも凄いし、「独演会やりてえな」が口ぐせだったというのはもっと凄い。

思えば、文楽・志ん生という言い方が、志ん生・文楽に変ったのは、戦時中に志ん生をきいていた小沢昭一さんや、ぼくや、この著者の世代からであると思う。

志ん生の次ぐらいに、ぼくは可楽が好きだった。

可楽の真似は、(今はコマった存在になっているところの)都知事・青島幸男がうまくて、「今戸焼」の「火鉢に火がねえ、火がねえから湯がわいてねえ、物はじんじょ(順序)よく行ってらあ」という台詞を可楽そっくりに言えた。

要するに、江戸落語というのは江戸弁（→東京弁）によって成り立っているので、そういう言葉が通じなくなれば、「落語家の居場所」は自然に消滅すると考えられる。

今でも落語界というものはあるらしいが、朝太のころから〈文楽の折り目正しさと志ん生のおかしさ〉をあわせ持っていた古今亭志ん朝だけをきいていればよい、というのがぼくの考えで、その朝太を初めてきいた第一生命ホールでの〈若手落語会〉をスタートさせたのが湯浅喜久治という人だったことをこの本で初めて知った。第一生命ホールというのは、少し前までGHQだったビルの中にあるので、入る時に妙な気がしたものだ。

『志ん生のいる風景』には志ん生が凝っていた川柳がのっている。二つ引用させて頂く。

　羊かんの匂いをかいで猫ぶたれ
　味の素あまり不思議でなめてみる

矢野氏の本で、佐藤重臣氏が中学・高校と、氏の二年先輩だったのを初めて知った。佐藤重臣の『祭りよ、甦れ！』という分厚い本がワイズ出版から出た。

この著者の名前はたぶん大半の読者にとって未知のはずだが、一九六〇年代半ばから八〇年代にかけて『映画評論』の編集長をやったり、アンダーグラウンド映画の興行をやったりした映画評論家だ。

この評論家の好みはかなり特殊で、ロジャー・コーマンやテレンス・フィッシャー系の怪奇映画を愛した。（今でいえば、ティム・バートン監督の『エド・ウッド』、あるいはエド・ウッド自身の作品かも知れない。）当時の言葉でいえば、ゲテモノ怪奇映画であった。

『映画評論』の編集長は佐藤忠男氏から品田雄吉氏にうつり、品田氏もやめることになった。後任は虫明亜呂無氏になるはずだったが、経営者が虫明さんは時間にルーズだからと拒否した。

品田氏に相談されたぼくは一宮市に住む森卓也氏に話をしたが、乗り気になった森氏は母堂の反対にあって挫折。前年に『映画芸術』をやめていた佐藤重臣氏にオハチがまわった。これが一九六六年で、すぐに〈アングラ・サイケ時代〉がくる。佐藤重臣氏の好みと時代が火花を散らし、新宿のバーで学生の教祖のようにしゃべっている彼を見かけた。書名の「祭り」というのは、おそらく、この時代のことだろう。

だから、本の中にとりあげられている映画は、ロジャー・コーマン、ルイス・ブニュエル、若松孝二、ケネス・アンガーという（当時の）異端の映画たちである。

年譜によれば、脳出血で倒れたのは一九八八年二月。

都立荏原病院の寒い霊安室で、熊井啓監督といっしょにすわっていたのをぼくは想い出す。葬儀に出席できないので、通夜に行ったのだろう。

×月×日

森永卓郎の『〈非婚〉のすすめ』（講談社現代新書）はユニークな本なのだが、

〈……戦後、恋愛や結婚がキリスト教の専売特許になってしまった原因は、焼け跡のなかでみたアメリカ人の圧倒的な豊かさとカッコよさであったと思われる。〉といった独断（どうおかしいか、その時代を生きてきた人間なら一目瞭然）や、「セーラー服を脱がさないで」という歌が、〈歴史上初めて堂々と性愛の欲求を採り上げた……〉という大笑いの〈指摘〉よって、どっと減点される。

小沢昭一は実はおびただしい本を出している人だが、「只で観られるテレビドラマには出ない」なんて言っていないで、テレビでも演技を見せて欲しいと思っている。渥美清亡きあとは特にそう思う。

さいきん、昔の日本映画のビデオを観ているのだが、小沢昭一が実に巧みな関西弁をしゃべっているのを観た。『横堀川』だったろうか。小沢さんは関西弁ができないと思い込んでいたのは間違いだった。

『句あれば楽あり』（朝日新聞社）は俳句仲間の話であり、変哲（小沢昭一）の句集でもある。

こういう本は、右のように書いてしまえば、それで終りである。語り口はラジオの「小沢昭一的こころ」そっくりだが、しかし、俳句の道もハマると大変ですな、この本で見るに。ベトナムまで行って句会をやっている。そうヒマとも思えない人も一行に入っているのだが。

面白かったのは渥美清（俳号は風天）の一九七〇年代の句が入っていたことで、一九六九年からの『男はつらいよ』のヒットで、少し心にゆとりができたのだろう。

なんとなくこわい顔して夜食かな
自殺したひととあそんでいるへんな夢

志ん生の川柳には、いまいち及ばないが、（いかにも……）、（らしい……）気がする。一つ目の方は〈らしい・おかしさ〉、二つ目は〈らしい・ブキミさ〉である。小沢＝変哲＝昭一さんの句を読みたい人は、本屋で見てください。

（97・3／26）

60 〈最後の映画批評家〉による文化的事件

×月×日

久しぶりに映画館へ行き、ロン・ハワード監督の「身代金」を観た。これはプロットが面白い。

「身代金」は一九五六年に日本で公開された「誘拐」のリメイクである。ぼくは旧作を観ていないので、キネマ旬報社の『アメリカ映画作品全集』をめくったが、記述が短く、レナード・モルティンのガイドブックを見たが、スタッフ、キャストしか出ていない。思い余って、双葉十三郎さんの『西洋シネマ大系　ぼくの採点表I』をみると、「誘拐」がテレビドラマを元にしていること、その他が記してあった。映画好きにはまことに便利な本である。

その双葉さんの『西洋シネマ大系　ぼくの採点表　戦前篇』がトパーズプレスからでた。この別巻を加えた『ぼくの採点表』全五巻は、日本では珍しい映画批評家の仕事であると同時に、高度なガイドブックでもある。近く索引が出るらしく、トパーズプレスは見事な仕事をしたと感嘆した。

どうでもいいことだが、世の中には多少の誤解があるらしく、ぼくが双葉さんと〈親しい〉と思っている人がいるらしい。

ぼくが双葉さんの批評を熟読したのは高校のころで、当時の双葉さんの面白さ、影響力は、その後の〈カリスマ的批評家〉の比ではない。邦画を斬りまくる『日本映画批判』（トパーズプレス）が書かれたころだから、当然といえば当然だろう。

右のような誤解が生じたのは、おそらく、一九七三年に晶文社から出た『映画の学校』の編集を手伝ったからだろう。ぼくとしては"Thanks for the Memories（ボブ・ホープのテーマ曲）"といった気持からやったことで、それだけである。戦後生れの人たちがこの一冊で〈双葉十三郎の魅力〉を知ったとすれば、なにより嬉しい。

さて、「戦前篇」ともなると、大半の映画はぼくの知らないもので、〈映画百科辞典〉としての奥行きが、ぐんと増した。それにしても、面白そうな映画ばかりで、ところどころにリアルタイムで書かれた長い批評が入っている。

たとえば、山中貞雄の「百萬両の壺」が、アメリカ映画の「歓呼の涯《はて》」を下敷きにしていることはオールドファン、研究家によく知られているのだが、ぼくたちの世代はもちろん、この映画を観ていないし、ビデオも今のところ入手できない。

しかし、「歓呼の涯」（一九三二年）のところをひくと、その内容、手法が三ページにわたって記されている。「百萬両の壺」との関係も明瞭であり、具体的にわかる。これは双葉さんが若くして、映画の話術をわかり易く説明する技術を身につけていたからである。主役男女の〈腐れ縁〉のユーモアを、山中貞雄が丹下左膳とお藤に置きかえたことがよくわかる。

びっくりするような発見もある。

少し前に日本語スーパー入りのレーザーディスクが発売されたマルクス兄弟の「御冗談でショ」(一九三二年)。

カレッジ・フットボール喜劇なのだが、現在、世界中で上映されている版も、レーザーディスクも、グルーチョ、ハーポ、チコの三人がセルマ・トッドと結婚するシーンで終っている。

ところが、双葉さんが戦前に観た版の終りでは、フットボールに勝った祝いの席で、ハーポが校舎に火をつけ、グルーチョがトレードマークの葉巻をくわえたまま猛火の校舎に入って行って引き返し、「校舎は禁煙だったな」とつぶやくという。

実は、こういうヴァージョンがあることをぼくは知っていたのだが、観たことがない。こんなアナーキーな結末の喜劇が戦前の日本で堂々と公開されていたというのは大発見だった。(こういう映画こそ、ディレクターズ・カット版のビデオを出して欲しい。)とにかく、それを戦前に観ているという証言が貴重である。

三段組み七百ページの大冊のすべてを読んだわけではないが、ぱらぱらとめくっても、このくらい面白いのである。WOWOWで四月二十八日にやる「お人好しの仙女」(脚本プレストン・スタージェス、監督ウイリアム・ワイラー)や、戦後はリバイバル上映していない「新婚道中記」(監督レオ・マッケリー)のことも出ている。ケイリー・グラント、アイリーン・ダンの「新婚道中記」はレーザーディスクを持っているが、会話がわからないのだ。

八十何歳かの双葉さんが大幅に書き下ろして「戦前篇」を作ったのはすごいし、それを強行したトパーズプレスもえらい。

『西洋シネマ大系　ぼくの採点表』全五巻と『日本映画批判』一巻で、双葉十三郎の全仕事が、ようやく明らかになった。この完成は今年の文化的事件である。

×月×日

一昨年の大地震とサリン事件以後、小説を読む気がかなり失せた。日本のポストモダン小説に至っては、所詮、バブルの産物ではないかと思う。

気がついてみると、ノンフィクション、記録、評論（それも硬派の）を読んでいる日が多くなった。

ノンフィクションと名乗ると売れなくなると人に注意されたのはわずか一年前だが、この間、新宿の紀伊國屋本店へ行ってみると、エスカレーターを上ったとっつきの棚が、内外のノンフィクション・コーナーになり、商品としても、これらがメインになっている。

太平洋戦争の直前、戦時中を考えると、読まれていたのはノンフィクションだ。今の日本の政治家が総与党化し、大政翼賛会風になっているので、戦時中、心ある人たちは何をしていたのだろうかと本気で考えるこのごろである。

双葉十三郎さんは戦時中、グレアム・グリーン研究会をやっていた。とんでもない〈非国民〉である。

山本夏彦の『「室内」40年』（文藝春秋）を読むと山本さんは一九四一年（昭和十六年）に二十五歳で出版社の編集長になっている。太平洋戦争の始まった年である。

〈あの戦争中くらい私は喜んで働いたことはない。〉

『「室内」40年』は、インテリア雑誌「室内」の主宰者が〈四十年を回顧するふりをして私の戦中・戦後〉を語ったものである。

以前、ぼくは〈辛口コラムニスト〉山本夏彦を評価する人たちは、なぜ「室内」の編集者である山本夏彦を評価しないのかと書いた（中公文庫版『恋に似たもの』解説）。

山本さんの過去は『私の岩波物語』でも少し語られているが、昭和三十年の「木工界」創刊（一月号）から、誌名を「室内」に変えて現在にいたるまでの編集者としての数々のアイデア、ジャーナリスティックかつ商売的感覚は只事ではない。コピーライターとしても抜群で、山本さんがそこらの〈一流コピー屋〉を軽蔑するのも当然だと思わせる。

なみなみならぬジャーナリストと、団地ができたとたんに〈やがてスラムだ〉と見抜くほどの批評家が、一つの身体に宿ったために、〈山本夏彦〉を世人が理解するのはひどく遅くなった。

この本が少々とっつきにくいのは、自己のある種のサクセスを語るのを山本さんが恥じて、二人の女性社員相手に質問に答えるという形式をとっているためである。二人の女性が古い言葉を知らなかったりするズレで、読者を笑わせようというサービス精神もある。そこの仕掛けを理解すれば、本はいっきに読める。

はるか昔、葉山に住んでいたころ、ぼくは初めて「室内」にエッセイをたのまれた。その時の原稿料は予想よりも多かった記憶がある。

×月×日

鮎川哲也編集の雑誌形式の文庫本『硝子《ガラス》の家』（光文社文庫）を手にして、いろいろなことを考えた。

一九六〇年ごろ、ぼくが小さな出版社にいた時、鮎川さんは社の外から電話をしてきて、「ラーメンでも食べませんか」と誘われた。鮎川さんは人ぎらいで、社に入ってこないのである。

『ペトロフ事件』に始まる鮎川さんの長篇と短篇は二種類の全集に収められていて、ぼくは老後の楽しみにしているのだが、秀作『鍵孔のない扉』が長篇全集に入っていない。版元でも品切れである。たび重なる引越しで本をなくしたらしいのだが、鮎川さん、『鍵孔のない扉』をよぶんにお持ちでしたら、一冊くださいませんか。

さて、〈幻の名作〉として、この文庫には、島久平の「硝子の家」、山沢晴雄の「離れた家」、天城一の「鬼面の犯罪」の三篇が入っている。「硝子の家」はなつかしい。ガラス張りの家（一九五〇年にはこんな家はあるはずがなかった）の中での密室殺人で、三百枚余の（当時の用紙事情からすれば）〈大作〉である。読んでいるうちにトリックを想い出したが、本のかたちになるのはこれが初めてらしい。「別冊宝石」の募集に応じたものだが、一位が『ペトロフ事件』で、三位がこの「硝子の家」。〈名作〉かどうかは保証できないが、戦後すぐの〈本格ブーム〉を示す証拠として、このかいかの方面のマニアは楽しめるのではないか。（巻末の「必読本格推理三十編」というリストのうち、二編は未読だった。）

本誌に別な連載をするので、「読書日記」はしばらく休みします。その準備のために今月は本があまり読めなかったのですが、双葉さんの本に時間がかかったせいもあります。

（97・4／24）

61 笑いと死

×月×日

足かけ七カ月にわたる「天才伝説　横山やすし」を書き終えたら、どっと疲れが出た。終りの二回などフラフラの状態で、昼間なのに頭がボンヤリしていた。

連載をしている間に読んだ本の一部を書いておこう。

幻冬舎アウトロー文庫というのがあって、「天才伝説　横山やすし」にも登場する笠原和夫の『破滅の美学　ヤクザ映画への鎮魂曲《レクイエム》』が出た。

かつて「アサヒ芸能」に連載されたもので、「鎧を着ている男たち」の題で一九八七年に本になった、その文庫化である。

著者は一九六〇年代のいわゆる東映やくざ映画の中核をなした脚本家で、この〈やくざ路線〉を〈日本の映画産業の最後の「組織戦闘」〉と見ている。たしかに日本の映画産業は〈終った〉のである。〈いまも映画会社は存続しているが、そこで製作されている作品のほとんどは、テレビ局とか出版社など有力な他企業との提携、あるいは製作下請けのもの〉と著者はいう。日本映画に希望があるようなことをいう人がいるが、それは思い込みか、そういわなければ商売が成立しないからに過ぎない。

笠原和夫は徹底した調査をおこなうことで知られていた。メモノートを見せてもらったことがあるが、一つの職業について数枚か数十枚のノートを作る。それらのノートから〈やくざ映画〉というフィクションをいかに作り出したかというエッセイであるから、面白くないはずがない。いや、エッセイというよりノンフィクションか。

この文庫本で、若山富三郎、勝新太郎兄弟の祖父が、大正から昭和にかけての関東の侠客の大立て者、武部《たけべ》申策《しんさく》という人であったのを知った。〈男を売る〉というのはこういうことか、という事実が次々にならべられ、最後は便所で死ぬのである。遺書に「ヤクザが畳の上で死んではもったいない（もうしわけない）」とあった。

この死に方を若山富三郎が演じたいというので、材料を調べているうちに、若山が東映をやめてフリーになった。こうして材料、資料は笠原家に溜まるのである。

刑務所ものを書いていると、刑務所内のセックスの問題が出てくる。男同士の関係の男役が「カッパ」、女役が「アンコ」と呼ばれることもこの本で知った。「博奕《ばくち》打ち　総長賭博」「仁義なき戦い」の脚本の想像力の核にあるのはこれらの事実である。

爆笑問題の『天下御免の向こう見ず』という本は期待したほど面白くなかったが、春ごろに出た『爆笑問題の日本原論』（宝島社）をようやく求めて、電車の中で読みだしたら笑いがとまらず、ルーズソックスの子に変な目で見られたので、家で夜中に読むことにした。ぐ、ぐ、ぐっ、というような声で笑ったのは何年ぶりである。

ツービート（といってももう若い人は知らないだろう）をもう少しソフィスティケートさせた笑いで、しかし、これは放送ではできないものばかりだ。

（「フランス核実験再開」の巻）

太田 でも、中国は実験してるといってもフランスと違って、自分の土地でやってるだけいいよな。

田中 だけど、自分の土地っていっても地球規模で考えたら、人類の大切な土地だからね。

太田 まあ、確かに。戦争で勝ってりゃ我々の領土だしな。

田中 それが悪いんだよ！

＊　　＊

太田 確かに、我々は子どもの頃から夏になると必ず、原爆に関する本を学校で読まされたよな。

田中 井伏鱒二の『黒い雨』とかね。

太田 そうそう、あと悲惨だったのが漫画の『はだしのゲン』ね。

田中 ああ、あったね。

太田 あれはかわいそうだったよな。

田中 確かにね。

太田 〝裸足〟だもんな。

田中 そこがかわいそうなのかよ！

日本人はもともと、こういった〈言葉の笑い〉に敏感だったはずなのに（落語を見よ！）、いまや超に近い鈍感ぶりで、ウディ・アレンの秀作喜劇「世界中がアイ・ラヴ・ユー」を観ていても、もっとも初歩的な視覚的なギャグでしか笑わない。〈すぐにパンツを脱いで笑いをとる〉関西の若手芸人たちが十数年、ブラウン管を占領したせいだが、これらが笑いを幼稚にした、と太田光《ひかり》はいう。もう一度、大人の笑いを、と主張する爆笑問題に注目していたい（それにしても、えせインテリどもにいじり殺されなければよいが）。

×月×日

正午のテレビニュースで、青田昇さんの訃報に接する。病名はまだわからない。

一面識もない方だが、青田さんの『サムライ達のプロ野球』（文春文庫）を本欄でホメたら、ラジオで「ありがたいことだ」と言ってくれて、本を贈ってくださった。その本が文春文庫版『サムライ達のプロ野球』で（！）、「この後も頑張ります　青田昇」と書いてあった。

今夏に入院し、病院からラジオ日本の放送をやっていたが、巨人軍の優勝なしと決った瞬間から、きびしい巨人軍批判を始めた。テレビで見る姿も急速に痩せていった。

青田さんが〈野球の殿堂〉入りをしていないことを千葉茂さんが怒っているが、アンチ巨人のぼくといえども、これはひどいと思う。

先日、坂口安吾のエッセイを読んでいたら、民間航空の初飛行に当時の各界代表が乗り、球界代表の青田さんが機の高度をぴたりと当てるエピソードがあった。文壇代表の安吾は舌を巻いているが、航空隊にいたことがあるとはいえ、青田さんは天才だったと痛感した。享年七十二。

×月×日

グルメ評論家などという下品なものが存在していない一九六〇年ごろ、ぼくに食べ物の選び方を教えてくれた人がいる。

うちの親父が美食家だったから、第二の教師というべきで、その人の名は古波蔵保好《こばくらやすよし》。毎日新聞社に籍を置いていたが、自由に原稿を書いていた。（たしか、戦後すぐの、サン写真新聞の編集長だった、と脇からきかされた。写真だけの新聞で、面白い文章《ネーム》は古波蔵さんが書いていたという。そうした過去は一言ももらさなかった。）

その古波蔵保好の『骨の髄までうまい話』（新潮社）は、美食の話をして品格がある珍しい本である。いわゆる書評は加藤典洋の『敗戦後論』はこぞって取り上げても、本物の美食の本はとり上げない。古波蔵さんは〈まったりした味〉とか〈仕事がしてある〉といったあざとい表現をせず、あっさりと書くのだが、そうしたダンディズムでは書評の対象にならないのだろう。

大半は夫人（故人・鯨岡阿美子）と食べに出かけたヨーロッパとアメリカの料理の話だが、ニューヨークの食べ物のことをこれだけ書いた本は珍しい。

海外だけではなく、日本のコーヒーがもっともうまかったのは〈みじめな敗戦国となった直後の十年ほどだった〉という、おやと思うような指摘がある。ああ、そうだった、と思うのはその時代を生きてきたぼくでさえ、戦後→闇市→まずいもの、という固定観念にとらわれているからだ。

書名の由来は、一九六〇年の春ごろ開店した飯倉の「キャンティ」で著者が初めて口にしたオーソ・ブッコである。二十代のぼくは古波蔵さんに連れられて、「キャンティ」へ行ったが、階下が輸入物アクセサリーの店になっていて、「ここで女の子にねだられると高いものにつきますよ」と冗談まじりに注意されたのを想い出す。

面白い本はまだまだある。

書名だけをあげると、中央公論社から出た『谷崎潤一郎国際シンポジウム』は各国の谷崎文学研究家がヴェネツィアに集まっておこなった四日間のシンポジウムの記録である。ヴェネツィアというところが良い。ウディ・アレンがジュリア・ロバーツの背中（性感帯）に息を吹きかける町にふさわしい作家は谷崎潤一郎しかいない。ただし、この本は大書店にもなく、中央公論社まで買いに行った。谷崎愛好家にとっては Must の本です。

ダニー・ピアリーの『カルトムービー・クラシックス』（リブロポート）は、ピアリーの「カルトムービー」シリーズ1、2、3の中から3を訳したものである。但し、全訳ではないようで、どの作品を省いたのか説明が欲しかった。「狩人の夜」「サイコ」とならんで、駄作「ブルー・ベルベット」があったりするが、ピアリーの好みだから仕方がない。

一九九一年夏から始めた小生の読書日記は今回でおしまいです。

考えてみれば、〈うまい店〉と同じで、本当に面白いと思った本は他人に教えてはいけないのですね。書評・紹介のために本を読むのは邪道だと思っていたのですが、うっかり引き受けたら、ま、地獄でした。勉強して、出直して参ります。

（97・11／20）

あとがき

まず、第一部についてご説明しよう。

〈物語をいかに語るか〉という形で小説論が書けないか、という相談を北上次郎氏にされたときには、そうむずかしいことではないと思った。

これが間違いだった。じっさいにとりかかってみると、まず、ミステリがとり上げられない。とり上げれば、犯人を割ってしまうからである。

次に、ある小説をとり上げてみようと考えたとしても、それが（文庫でさえ）絶版または品切れになっているのが現状である。むしろ、入手不可能な本のほうが多いほどだ。そういう本ばかりでは読者に失礼になる。

せめて、プルーストの一部だけでも、ちゃんと分析したいと思ったが、これまた、読者が読んでいないらしいので話にならない。ぼくが〈常識〉と考えていることが、もう通用しなくなっているのを痛感した。

それでも、なんとか終りまで書きつづけたのは、こういうチャンスに改めて古典に目を通したいと考えたからで、とくに谷崎潤一郎を読みかえせたのがプラスだった。

「本の雑誌」に約四年の連載をしたが、そのあいだに、ミステリが読みづらくなり、パトリシア・ハイスミスを頂点とする〈異常者〉の物語に惹かれるようになった。〈異常者〉文学とくれば、むろん、わが谷崎が総大将である。
すべての章が〈語り方論〉で統一できたわけではないが、まあ、この辺で勘弁してもらいたい。

第二部について――。
一九九一年夏から始まった「週刊文春」での〈読書日記〉は一九九七年晩秋まで続いた。途中で『天才伝説　横山やすし』の連載がはさまったとはいえ、七年も続いたのか、と感慨深い。
ここにおさめた以前の〈読書日記〉は、文春文庫の『本は寝ころんで』と『〈超〉読書法』に入っている。興味のある方は、のぞいて見てください。

（なお、第一部は、『小説探険』という題で本の雑誌社から出たものの改題であることをつけ加えておきます。）

二〇〇〇年四月　　　　小林信彦

解説

池上冬樹

いやはや、やはり面白い。小林信彦の本はみな面白く、とくにエンターテインメント時評や読書エッセイに接すると、もう読んでいてわくわくしてしまう。

本書はあとがきにもあるように、「本の雑誌」に連載したものをまとめた『小説探検』と「週刊文春」に連載された読書エッセイの未収録ぶんをあわせたものである。僕はどちらも連載中に読み、単行本になってからも読んでいたけれど、こうしてあらためて読み返しても、それでもまた心地よい昂奮を覚えてしまう。いや、これは個人の趣味ではなく、小説ファンや映画ファン、いや、小説家や映画監督を志す人たちのバイブルになる本ではないのか。少なくとも僕なら、まず推薦図書の筆頭にあげる。いったい何故か？

まず、第一部の「〈犯人がわからない〉批評家たち」からはじめようか。

日本でも大ヒットした映画『氷の微笑』について、日本の映画雑誌の批評を読むと、〝犯人がわからない〟という映画ライターが少なからずいる、そればかりかプログラムではまったく別の人間を犯人と名指ししている、というのである。これには驚いた。〝映画は典型的な〈悪女ミステリ〉〟であり、〝ハリウッド十八番のジャンルのはずなのに〟、映画ライターがわからないとは、どういうことなのか。映画館によっては、犯人あてクイズのようなものをやったところもあり、出来の悪い脚本を逆手にとった戦略かと思ったけれど、どうやら真面目な様子なので、さらに驚いたことがある。

こういうのを読むと、いったい監督やプロデューサーは何をしているのかと思ってしまうが、最近読んだあるミステリに、〝彼ら（映画プロデューサーたち）にとってクラシックといったら、（彼らが幼い頃に見た）『アニマル・ハウス』あたりなのさ〟という皮肉があった。ハリウッドで求められるのは熟達の技よりも若さで、プロデューサーも若くなっているし、脚本家に至っては四十過ぎればアカデミー賞の脚本賞をとっても干されてしまう状況をジョークにしたものだが、これが冗談に聞こえないから困る（たとえばジョニー・デップ主演の『ノイズ』はロマン・ポランスキー監督の『ローズマリーの赤ちゃん』から一歩も出ていない。原作など読んでいないだろうが、ひょっとしたら映画も見ていないのではないかと思ってしまった）。

『氷の微笑』の犯人がわからない以外にも、『ユージュアル・サスペクツ』の公開時にはオチがわからないという話がよく聞かれたし、あるいはフラッシュバックという手法がわからなくて、『パルプ・フィクション』をさして〝この映画は死んだ人間が生き返るSF的手法を駆使している〟などと大真面目に書く映画評論家もいたりして、まったくもって映画の世界は唖然呆然である。

映画といえば、本書では、アン・タイラーの『アクシデンタル・ツーリスト』とローレンス・カスダンの映画化作品、ジョン・D・マクドナルドの『ケープ・フィアー』と二つの映画化作品の対比とを通して脚色の重要性を説き、日本の映画賞には脚色賞がないことを嘆いていることも目をひいた。おそらく脚色が評価されないのは、映画評論家が原作と映画の比較を論じることをしないからだろう。原作がかなり有名な作品でも、原作を読まずに映画だけを論じても誰もとがめなくなった。昔は、当然原作を読んでいて映画を見る、映画を見たあとに原作を読んで映画製作者たちがどのようにして映画化したかを考えるというのが、少なくとも僕たち映画ファンの間では当たり前で、レイモンド・チャンドラーの『長いお別れ』とロバート・アルトマン監督の『ロング・グッドバイ』、ジョン・ファウルズの『コレクター』『フランス軍中尉の女』と映画化作品、スティーヴン・キングの『シャイニング』とスタンリー・キューブリック監督の映画あるいはウィリアム・アイリッシュの『暗闇へのワルツ』とフランソワ・トリュフォー監督の『暗くなるまでこの恋を』の差異などをよく語り合ったものだ。

ところが、いまはそれがない。映画は映画、小説は小説。しかもヴィデオ時代に入り、オタクであることが誇らしげになって、映画も小説も、ひじょうに細分化され、その細分化されたひとつのジャンルだけを追うだけでよくなった。映画ファンといってもアニメを中心に見る映画ファン（とはいえないのだが）、小説ファンといってもミステリ、それも本格推理小説しか読まない小説ファン（とはいえないのだが）も増えている。誰にだって好きなジャンルはあるけれど、でも好きなジャンルだけを見ていたら絶対に映画や小説の良さを理解できないから、苦手なジャンルも見なくては／読まなくてはという気持ちが昔はあったのだけれど、いまはそれもない。全体はどうでもよく、自分の好きな一分野だけを追い求め、同好の士とだけ話をする。視野狭窄に陥っているのにもかかわらず、そういう意識がないから恬《てん》として恥じない。いや恥じる必要はないのだろう。それでも充分に通用する時代だからである。狭く深くというのとはぜんぜん違う。「物語」に対する関心、物語の原型を知ろうという興味がない。それぞれのジャンルには約束事や定型があるのに、それさえ知ろうとしない。だから、『氷の微笑』の犯人は誰なんだ？　などという馬鹿げたことがおこるのである。

いささか『読書中毒　ブックレシピ61』という本の解説にしては、映画の話に傾いてしまったけれど、でも決して本題から外れてはいない。本書の冒頭で小林が語っているように、小林にとって〝ビデオを観るのも、小説を読むのも〟同じことで、〝ゆきつくところは一つ——ストーリーの面白さ。いかに興味深い導入部を作るか、プロセスをいかにてきぱきと語るか、エンディングをいかに盛り上げ、どんでん返しをくわせるか、そして後味をいかに良くするか——こうしたところを研究〟するからである。実は、本書で試みられているのも、まさにその研究なのだ。もちろんおもに小説についてで、〝〈小説をいかに語るか〉および、それを〈いかに読みとるか〉の分析〟に費やされている。なぜそういう研究をするかといえば、〝〈小説の語り方〉のテクニックは、日本では長いあいだ低く見られ〟〝〈文体〉や作家の〈人格〉〈思想〉を論じることはあっても、〈語り方〉には触れられなかった〟からである。その意味で画期的な書だろう。

いうまでもないことだが、本書では純文学もエンターテインメントもない。本書が名著『小説世界のロビンソン』、つまり〝我が国で最も早く、最も優れた、文学における〈規範／正典〉脱構築＝ジャンル解体論〟（風間賢二）をうけたあとに書かれたものであり、ここでもいわゆる純文学とエンターテインメントが同次元で論じられているからだ。ときには映画化作品を参照しながら、である。

それにしても、〈いかに語るか〉の研究といっても、これは相当に難しい。ミステリは中身に踏み込めないし、普通小説でもストーリーを明らかすることはためらわれる。ところが、そういう縛りがあるにもかかわらず、小林は小説の興趣をそがずに、作家たちの語りを鋭く分析して、実に新鮮な印象を与えてくれる。しかも読者の読書意欲をかきたてるほど面白く、魅力的に、である。

たとえば、ディケンズに心酔するジョン・アーヴィングが十九世紀的な物語作家をめざしていても、ディケンズと違うのは（といっても、小林が言うようにアーヴィングとディケンズはあまり似てはいないが）、映像からテクニックを学び、物語の効率の良い語り方を身につけている点であることを紹介し、そのあとおもむろにスティーヴン・キングと村上春樹の小説の冒頭を分析して、現代の小説がいまや映画的な効率のいい語りの影響を受けていることを的確にあらわにする。そのいっぽうで、〝二十世紀後半の〈映画的効率の語り方〉〟と対極に位置するようなプルーストの『失われた時を求めて』をユーモアに富む風俗小説として輝かせたり（それにしても、これほどプルーストの小説を読んでみたい！　という気持ちにさせる文章があっただろうか）、バルザックの人間喜劇というジャンルの〝ごった煮的世界〟の新しさを説いたりする。ベンジャミン・シュッツの『危険な森』やクレイ・レイノルズの『消えた娘』などミステリの隠れた名作を拾い上げて〝定石はずし〟を論じ、フレデリック・フォーサイスやアーサー・ヘイリーのベストセラー小説を解剖し、別のところでは、谷崎潤一郎や永井荷風や川端康成の名作＝〈最新作〉説を具体的に提示している。――

いやはや、なんという縦横無尽さだろう。これほど古今東西の小説や映画の物語を

〃呼吸〃している作家がいるだろうか。あらゆる小説と映画が同等なのである。日本も海外もないし、古典も新作も関係がない。「6　映画と小説のあいだ」が良い例だが、アン・タイラーの秀作『アクシデンタル・ツーリスト』とカスダン監督の同名作品を比較して、小説と映画のそれぞれの特徴を摘出しながら、アメリカ映画の〃新しい家族像〃と成瀬巳喜男作品の類似、ウィリアム・ハートが演じる優柔不断男のルーツ（？）が成瀬や五所平之助の映画に出てきた中年の上原謙にあること、さらにもう一度原作にもどって小説ならではの得意技を指摘し、小説的に〃結論を出さなかった〃ゆえに小津や成瀬が海外の映画人に新鮮に映ると分析する。これこそまさに小林信彦の独壇場だろう。小林信彦にはとてもかなわないし、小林が小説ファンや映画ファンの〃基準〃になる所以である。

とにかくあらゆる物語を吸収すること。そして〈いかに語るか〉をマスターすることである。〃〈文体〉や作家の〈人格〉〈思想〉〃も大事だけれど、〃〈小説の語り方〉のテクニック〃がお粗末では話にならないからだ。

ポストモダン小説が終わったというが、そんなことはない、と学者が書いていた。どうでもよいことである。外国は知らず、日本では〈ポストモダン〉と銘打つ小説の大半はイモであり、クズである。ふつうのストーリーテリングができないので、

〈見るからにポップ〉な外見で中身の空疎さをごまかす。三流芸人でさえ恥ずかしがる駄ジャレをならべて、これが〈ポストモダン〉ですという。これらがわからないのは〈遅れている〉というおそるべきロジックである。（44「〈茜色〉のクロニクル」より）

まさにその通り！　と思う人が少なからずいるのではないか。僕も前々から、いわゆる純文学の分野においてストーリーテリングが問われないのが不思議で仕方なかった。昔から純文学もエンターテインメントもいっしょに読んできた人間には（特に二十代なかばにして海外エンターテインメントの水準の高さにびっくりした元日本文学科専攻の人間には）、〝ふつうのストーリーテリングができない〟小説をありがたがるのが奇異に感じられて仕方なかった。純文学だからストーリーテリングを問わないという評論家もいるらしいが、それは明らかに純文学病の貧しい発想だろう。いみじくも右の小林の指摘から二年後、筒井康隆が三島賞の選評で、ある若手作家の作品に対して、〝よく勉強してさまざまな新しい技法を駆使しているが、こういうものは基本的に熟達しての技法であり、〝古典やエンターテインメントの基本技を身につけてのちの技法だと思う〟〝新しい技法を学べるような作品だけを読む〟ことをせず、もっと多くの小説を読むべきだと説いていた（引用は「新潮」九五年七月号より）。これはひとり若手作家にとどまらず、やせほそりつつある純文学全体にいえることではないか。

これはすでに『小説世界のロビンソン』で小林が、中村光夫の「笑いの喪失」を引用して触れていることだけれど（第七章〈「わが輩は猫である」とフラット・キャラクター〉）、昔から日本の文学は海外文学の移入に熱心であるものの、その痕跡は惨憺たるものである。十数年前流行ったミニマリズムもまったくといっていいほど痕跡がない。僕もどんなものか何冊か読んだけれど、この程度の作品ならかつての日本文学にごろごろしているし、ユーモアを忘れない尾崎一雄（『虫のいろいろ』）や小沼丹（『懐中時計』）や梅崎春生（『ボロ家の春秋』）を読んだほうがはるかに有意義と思ったものだ。ミニマリズムにはじまったことではなく、数十年も前から袋小路に入ったメイン・ストリームの文学に嫌気がさしてか、ジェイムズ・クラムリー（『酔いどれの誇り』）からロバート・リーヴズ（『疑り屋のトマス』）やスコット・トゥロー（『推定無罪』）など、才能ある作家たちが次々にエンターテインメントに流れて、よりいっそうレベルの高い作品をものするようになった。それがまた読者の目を肥えさせる結果ともなり、小林が〝ふつう文学の人〟というパトリシア・ハイスミスもミステリの分野で大いに歓迎されたし、アン・タイラーなども海外ミステリのファンたちが好んで読んでいる。

何はともあれ、本書には、小林信彦のエッセイや評論がみなそうであるように、多くの卓見がある。卓見があると、それに触発されて、あれこれ連想が浮かんだり思い出がよみがえったりするもので、世界文学の面白さを発見した個人的な体験や、谷崎や川端やハイスミスについての感想、または映画の脚色の巧さという点でジェイムズ・エルロイの『LAコンフィデンシャル』と映画化作品の相違、あるいは「23　二つの監禁物語」に関しては、小林自身〝愛着がある〟（「週刊文春」二〇〇〇年三月二十三日号所収「人生は五十一から　第109回〈三つの誘拐・監禁〉」より）という初期の特異な作品『監禁』（角川文庫絶版）に言及して、現代の視点から捉えてみたかった気もするが、スペースもないので、別の機会に譲ろうと思う。

ここ数年、各文学賞の下読みや予選委員の仕事で大量の生原稿を読んだり、作家志望の人たちと話をしたりする機会が増えているけれど、彼らに共通しているのは、驚くほど本を読まないことである。小説に対する愛情があっても、それは自分の書いた小説に対してであって、他の人が書いたものに対するものではない。せいぜい現代の有名な作家の作品を読んでいても、名作や古典となると手にとろうともしない。自分の小説がいちばん、自分だけで楽しめばいいという、まさにカラオケ文学の申し子たちだ。そんな自堕落な（とあえていっておく）作家志望者たちにむけた、作家養成講座向きの本が多数出ているけれど、なかなかいいのがない。これまた細かいテクニックは教えても、ひじょうに重要な方法、つまり〈いかに語るか〉という点までは教えきれていないのである。もちろんこれは、ガイドブックにいくら書かれてあっても身につくものではない。多くの小説と映画に接して習得していくほかはない。

僕は、冒頭で、本書が〝小説ファンや映画ファン、いや、小説家や映画監督を志す人たちのバイブルになる〟と書いたけれど、それは、読者にまず面白い小説や映画を紹介しているからである。具体的に小説や映画の特徴をつかみ、〈いかに語るか〉の分析でストーリーの面白さを十二分に感得させているからである。ツボを押さえる具体的なアドヴァイスに満ちている。そのうえ嬉しいのは、初級から上級まで、あらゆるレベルに対応し、それぞれのレベルで理解力が増すような目配りのきいた分析がなされていることだ。エッセイ風の軽い装いではあるけれど、これは小説(もしくは映画)という御馳走の優れたレシピになっているのである。

(文芸評論家)

初出
第一部　『小説探険』（本の雑誌社・一九九三年十月）を改題
第二部　「週刊文春」一九九六年四月二十五日～一九九七年十一月二十日号

文春文庫

読書中毒《どくしよちゆうどく》　ブックレシピ61

定価はカバーに
表示してあります

2000年5月10日　第1刷

著　者　小《こ》林《ばやし》信《のぶ》彦《ひこ》
発行者　白川浩司
発行所　株式会社　文藝春秋
東京都千代田区紀尾井町3—23　〒102-8008
TEL　03・3265・1211
落丁、乱丁本は、お手数ですが小社営業部宛お送り下さい。送料小社負担でお取替致します。

印刷・凸版印刷　製本・加藤製本

Printed in Japan
ISBN4-16-725609-6